NOTICE

SUR

VINEZAC

PAR

A. MAZON

PRIVAS

—

IMPRIMERIE ARDÉCHOISE

13, Avenue de la Gare, 13

1897

NOTICE SUR VINEZAC

NOTICE

SUR

VINEZAC

PAR

A. MAZON

PRIVAS

IMPRIMERIE ARDÉCHOISE

13, Avenue de la Gare, 13

1897

LE CHATEAU DE VINEZAC

I

HISTOIRE NATURELLE DE VINEZAC

La population. — Géologie et topographie locales. — Le dolmen de la Keyrié. — La *pierre de sacrifice*. — La fontaine de Boude.— Le vin de Vinezac.— La longévité des habitants.— Le père Martinesche. — L'aventure d'un Suchet de Bouteille. Les mines de Merzelet.

Vinezac est une commune du canton de Largentière, d'une population de 1.030 âmes. Elle en avait davantage, quand la vigne et le mûrier étaient un meilleur produit qu'aujourd'hui.

Dans une diminution de feux, ordonnée par une ordonnance royale de juillet 1376, *Vinasaccum* est taxé pour 8 feux, comme St-Etienne-de-Lugdarès et St-Maurice-Terlin, tandis qu'Uzer et Vogué sont taxés pour 4, Balazuc pour 14, Viviers pour 45 et Aubenas pour 150.

Le territoire de la commune est entièrement situé

dans le lias. Les escargots fossiles, baptisés par les savants du nom de gryphées-arquées, y abondent.

Soulavie constate le caractère marmoréen du calcaire de Vinezac, surtout du côté de La Chapelle. « Le marbre, dit-il, qn'on trouve en masses énormes à Crussol, à Bidon, au Pont-d'Arc, est ici divisé en couches fort minces et très compactes. Ces tables sont entremêlées, en plusieurs endroits, d'autres couches de terre ou d'argile qui ont pour fondement une autre table de marbre. Tous ces amas, de même que les couches de marbre, sont d'une dureté extrême ; ils sont intraitables, ils se cassent dans une partie contraire à l'attente, ils font une prompte effervescence avec les acides : au-dessous de la tour, et dans les environs surtout du *Mas*, au-dessus de la maison de Mollier, on trouve quelquefois des ammonites très bien converties en pierre calcaire très dure. Vinezac est situé sur une montagne de cette nature... »

Malgré la dureté de la pierre, la vigne y réussissait fort bien avant les maladies végétales ; ses racines, profondément enfoncées dans le sol, savaient le moyen de pénétrer, à travers la pierraille, jusqu'aux couches terreuses et humides, sources de verdure et de fécondité.

Ailleurs, Soulavie dit que la pierre calcaire de Vinezac est la meilleure pierre à chaux qu'il connaisse. Il est persuadé qu'elle a servi à la construction des édifices de Largentière, bâtis en pierres granitiques (le château, la tour de Fanjaux, le couvent des Cordeliers), dont les ruines (pour ceux que la main des hommes a détruits), ont résisté à toutes les injures du temps et offrent encore un ciment presque indestructible » (1).

Le village, dominant à l'ouest la vallée de Lende, se dresse, avec une très belle allure, sur une éminence entre les *Gras* du bord de l'Ardèche, au pied desquels court la route nationale de Joyeuse à Aubenas, et les communes triasiques et granitiques qui avoisinent le Tanargue. Ce lieu forme comme le centre d'un vaste cirque, borné par la Champ du Cros, la montagne de Barre, la dent de Rez et la chaîne du Coiron, dont le milieu est marqué par le quadrilatère féodal que forment les tours de Vinezac, de Montréal et de Tauriers, avec le clocher gothique de Chassiers.

En fait de débris romains, on parle d'un chien en bronze qui aurait été trouvé à Vinezac. Mais il y a, sur le territoire de cette commune, un monument bien autrement ancien, qui, malgré ses dimensions respectables, était resté ignoré du public avant la petite notice que nous donnâmes à ce sujet dans l'*Annuaire de l'Ardèche* de 1868 : c'est un dolmen,

---

(1) *Histoire naturelle de la France Méridionale*, I. pp. 190, 236 et 242. Quand on a voulu démolir, il y a quelques années, la partie sud des anciens remparts de Largentière, il a fallu employer la mine.

resté intact, qui se trouve dans le bois de la Keyrié,
appartenant à madame veuve Soubeyrand. Les
supports latéraux ont de 3 et demi à 4 mètres de
longueur sur sur 1^m50 de hauteur. La table a 3^m30 de
côté. A la suite de notre article, M. Léon Vedel et le
docteur Bastide firent fouiller l'intérieur du dolmen
et y trouvèrent quelques ossements. On sait que les
dolmens sont les tombeanx d'une race antehistorique,
dont on ne sait rien de certain, en dehors de ces
monuments. Les dolmens sont assez communs dans
quelques communes méridionales du département.
Dans les environs de Largentière, après celui de
Vinezac, il n'y en a qu'à Tauriers, où, à la même
époque, nous en reconnûmes cinq ; l'un d'eux est si
bien conservé, que le propriétaire y a mis une porte
et l'a transformé en une sorte de grange, où il dépose
ses outils, et qui peut même lui servir d'abri en cas
d'orage.

A quelques pas du domaine de la Keyrié, en descendant vers la rivière, on remarque un gros bloc
creusé, de forme rectangulaire, de 3^m50 de longueur
sur 1^m50 de largeur. La profondeur de la cavité varie
de 50 à 80 centimètres. La pierre est légèrement
penchée suivant l'inclinaison du terrain. A l'extrémité inférieure est un goulot avec rebord extérieur,
évidemment taillé au moyen d'un instrument de fer,
ce qui prouve tout d'abord que cette pierre, complai-

samment baptisée par certains de *pierre de sacrifice*, est d'une époque bien postérieure au temps des dolmens. D'après la tradition locale, ce serait une ancienne cuve à presser le raisin, et toutes réflexions faites, cette version est la plus naturelle et s'explique parfaitement par le désir que devaient avoir les vignerons du pays d'éviter les droits fiscaux, en allant cacher dans les bois la fabrication de leur vin. D'autres cuves de pierre de ce genre, quoique de dimensions moindres, existent d'ailleurs, sur la colline du Mas-St-Esprit, au-dessus de Largentière.

Soulavie signale l'existence, dans les environs de Vinezac, au terroir du Mas, d'un petit ruisseau qui a la vertu d'agglutiner les substances qu'il mouille de ses eaux. « On voit, dit-il, près de ce ruisseau, une fontaine qui coule du pied d'une montagne et qui, se jetant dans le ravin, détruit cette qualité pétrifiante en dissolvant les molécules lapidifiques. Cette fontaine s'appelle *Fontfroide*, à cause de sa grande fraîcheur ; elle est assez abondante et prend sa source dans un bassin, sans doute très profond, puisque, selon toutes les observations faites sur les eaux de nos fontaines, il n'y a que celles qui viennent des lieux les plus profonds qui aient cette constante température. La pureté de ses eaux suffit donc pour dissoudre les sucs lapidifiques répandus dans celles du ruisseau ; elle enlève même le gluten des petits cailloux roulés, de nature calcaire, mêlés avec quelques grains de sable, que le suc avait pénétrés et agglutinés auparavant. Ainsi se forment ces espèces de poudingues qu'on observe dans presque tous les ruisseaux ou rivières qui promènent leurs eaux sur un sol, de nature calcaire, ce qu'on ne voit que rarement dans les rivières ou ruisseaux qui ont leur lit dans des terres vitrifiables. Ce n'est pas à Vinezac exclusivement qu'on voit de semblables eaux pétrifiantes. Tous nos petits ruisseaux en général, dont la source et le cours se trouvent dans des régions calcaires, ont une semblable force pétrifiante, plus ou moins considérable, qui disparaît totalement dans les ruisseaux ou dans les rivières qui ont pris leur source vers le sommet de nos montagnes vitrifiables... » (1)

Une autre belle fontaine de la commune de Vinezac porte le nom de Boude. Elle parcourt une grotte que, dans notre jeunesse, nous avons un jour suivie jusqu'au bout, les pieds dans l'eau, et qui, d'après nos impressions d'alors, doit avoir 12 à 1.500 mètres de longueur. Il y a tout le long de jolies cristallisations. On verra plus loin figurer cette fontaine dans une vieille transaction entre les communes de Vinezac et de Balazuc.

Selon l'auteur des *Souvenirs de l'Ardèche*, Vinezac était entouré autrefois de bois de haute futaie,

_____

(1) *Histoire naturelle de la France Méridionale*, I. 230.

auxquels le travail d'une population intelligente et active, a substitué la culture plus productive de vignes, mûriers et oliviers. Si ces bois ont réellement existé, ce dont il y a des raisons de douter, il est certain que la culture de la vigne y est depuis bien longtemps en honneur, comme le démontre d'ailleurs, le nom que la localité portait déjà avant le VIIIᵉ siècle — nom bien justifié, car Vinezac est un vrai vignoble, un immense vignoble, dont les produits sont depuis longtemps appréciés. Olivier de Serres célèbre son vin de Lambras, et Ovide de Valgorge avoue qu'il préfère son petit vin blanc de muscat et de chasselas à l'Aï si vanté. « C'est que ce petit vin de Vinezac, dit-il, vous a une mousse appétissante qui excite singulièrement l'odorat et plaît infiniment à la vue. Cela danse, cela pétille dans le verre réjoui... »

Qu'on nous permette de citer à ce propos trois couplets d'une chanson, inspirée à un enfant du pays par le vin de Vinezac — il y a de cela bientôt un demi-siècle :

Le vin qui sort de ma tonne
Est limpide et généreux ;
C'est le bon Dieu qui le donne ;
Il ne doit rien à personne,
Et je lui dois d'être heureux.
— Buvons, buvons en famille
Mon Vinezac qui pétille.

Qui boit ce vin là s'éclaire,
S'il atteint la vérité
Que Dieu mit au fond du verre.
Qui le boit aime son frère :
Buvons la fraternité !
— Buvons, buvons en famille
Mon Vinezac qui pétillle.

Aux vieux il rend la jeunesse,
Le cœur, la tête et les bras.
Il donne à tous l'allégresse,
Le prêtre en boit à la messe :
Pourquoi n'en boirions-nous pas ?
— Buvons, buvons en famille
Mon Vinezac qui pétile.

Hélas ! pour être vrai, tout cela doit être mis au passé. Il y a encore du vin à Vinezac, mais il ne vaut pas celui du vieux temps et il ne pétille pas comme lui.

Vinezac serait le pays prédestiné du vin... si on savait le faire. Voulez-vous, braves vignerons, un conseil qui vaut de l'or ? — Allez voir comment on opère à St-Péray, à Cornas, à Mauves, à Tain. Profitez de ce que vous verrez, et en arrivant il vous sera facile de doubler la valeur de vos revenus.

Vous faites du vin qui n'est pas mauvais, mais par la force des choses, attendu qu'avec des vignobles comme les vôtres, il est presque impossible de faire du mauvais vin. Ce vin serait exquis, si vos cuves et vos tonneaux étaient en meilleur état, si vous laissiez cuver davantage, si vous pratiquiez mieux le collage et le soutirage. Tous vos vins, et, il faut bien le dire, ceci ne s'adresse pas seulement à Vinezac, mais à tous les vignerons de l'Ardèche sauf quelques-uns des bords du Rhône — tous vos vins, dis-je, sentent le tonneau, et la plupart tournent avant la fin de l'été. Leur bonté est toujours plus ou moins altérée par votre ignorance ou votre négligence. Qu'en résulte-t-il ? C'est que vous vendez 30 ou 40 francs l'hectolitre, c'est-à-dire comme vins ordinaires, des vins qui, mieux faits, en vaudraient 60 ou 80.

Est-ce à leur excellent vin d'autrefois que les habitants du lieu devaient la longévité remarquable dont ils semblent avoir eu le privilège ? Soulavie avait observé le fait. « L'air, dit-il, est pur à Vinezac, et ses habitants vivent longtemps (1). »

On peut citer à l'appui de cette parole du naturaliste, le cas d'une famille Martinesche, de Merzelet, dont un membre mourut à 112 ans, vers la fin du siècle dernier ; un journal d'Avignon, nous a-t-on dit, relate sa mort. Ce respectable vieillard tint le gouvernail de ses affaires jusqu'à 109 ans. On raconte qu'ayant mené un jour de marché une vache à Largentière pour la vendre, et s'étant éloigné un instant, son fils, qui tenait l'animal par la corde sur

---

(1) *Histoire naturelle de la France Méridionale*, I, 190.

la place des Récollets, répondit à un acheteur : Quand *mon père* viendra, vous débattrez le prix.

— Comment ! vous avez encore votre père ! s'écria celui-ci. Quel est donc votre âge !

— 89 ans à Notre-Dame d'août.

— Bigre ! quel bon bois ! fit le chaland.

Malgré son âge, le père Martinesche voulut, une année, profiter d'une mission qui se donnait à Vinezac. On lui offrit un logement à la cure. Un matin, il était à la fenêtre avec le prédicateur. De là, tous deux aperçurent dans le cimetière qui séparait l'église de la cure, un vieillard qui priait sur une fosse fraîchement creusée.

— Quel est ce beau vieillard qui prie là-bas ? demanda le prédicateur.

— C'est mon petit-fils qui prie pour son père.

Le petit-fils avait environ 70 ans et son père était mort à 90 ans.

Une femme Boyer est morte à Vinezac à 102 ans, vers 1865.

Une histoire d'un autre genre est souvent racontée le soir dans les veillées du village. Un jour d'orage, le propriétaire de la Keyrié, pour se moquer des fileuses qui faisaient le signe de la croix à chaque éclair, se mit à les asperger avec la queue de son chien qu'il tenait entre ses jambes. Un coup de tonnerre tua son chien et lui emporta son soulier.

Séance tenante, il fit deux vœux auxquels il fut fidèle toute sa vie, savoir : de faire toujours maigre, et de fournir toutes les années, le jour de la fête de Saint-Sébastien, le bois pour cuire la soupe de deux ou trois cents pauvres. Léon Vedel nous avait déjà raconté cette légende, dont le héros serait un oncle, ou peut-être même le père du maréchal Suchet, alors qu'il dirigeait sa petite filature de Bouteille près de Chassiers.

Pour en finir avec l'histoire naturelle de Vinezac, constatons ici, avec M. Dalmas, que la couche de minerai de fer du trias, qui s'étend dans l'Ardèche depuis Saint-Etienne-de-Boulogne jusqu'à Montgros, à l'extrémité méridionale du département, « ne réunit qu'à Aillou et Vinezac les conditions de puissance et de continuité indispensables pour une exploitation utile et lucrative. Le plus grand affleurement se montre à nu sur les deux rives du ruisseau d'Auzon, près de la fabrique Chadeysson, et sur la route d'Aillou à Merzelet. Il disparaît, au sud-ouest de ce village, par le fait d'une faille. Quoique leur puissance ne soit en général que de 50 centimètres à 1 mètre, leur exploitation est productive en ce qu'elle est facilitée par une couche d'argile blanche de 10 centimètres qui sert de sous care pour leur abattage. Dans la concession dite de Merzelet, commune de Vinezac, les galeries sur le chemin, entre les villages de Chaunès et de Merzelet, ainsi que les nombreux puits et galeries pratiqués aux environs de Mérzelet, ont mis à jour des minerais carbonateux pierreux, et des minerais cloisonnés plus riches, passant parfois au minerai brun compacte, avec une puissance de 1 à 4 m. (1) »

Notre regretté ami, Victorin Lacombe, avait commencé vers 1870 l'exploitation de la couche de Merzelet, dont le minerai rendait plus de 25 o/o de fer. Il céda ensuite sa concession à la compagnie de Bessèges. Les travaux exécutés montrèrent que cette mine avait déjà été l'objet d'une exploitation ancienne, soit de la part des Sarrasins alors qu'ils occupaient Largentière, soit de la part des Romains après la conquête des Gaules (2).

---

(1) *Itinéraire du géologue dans l'Ardèche,* p. 98.

(2) *Journal de l'Ardèche,* 6 octobre 1872 (article de de V. Lacombe).

II

LES

PREMIERS SEIGNEURS DE VINEZAC

Donations antérieures au VIIIᵉ siècle. — L'église de Vinezac
dépend du chapitre de Viviers. — Achat de la seigneurie au
XIIIᵉ siècle par Julien et Laudun. — Les premiers Julien.—
Autres co-seigneurs de Vinezac (Chaste, Testamelhe et Joanas). — La reconstruction des murailles de Vinezac en
1387. — Noms des principales familles de l'endroit. — La
famille de Servissas. — L'achat de Merzelet, puis de la seigneurie de Vinezac, par Guigon de Chalendar. — La chapelle
des Chalendar, dans l'église de Vinezac. — Le testament
d'Antoine Auriol.

Le premier indice historique de Vinezac se trouve
dans le Pouillé de l'Eglise de Viviers. A une date
qui n'est pas indiquée, mais antérieure au VIIIᵉ
siècle, un riche Gallo-Romain, nommé Secundus, de
concert avec sa femme Prima, donne à Dieu et à St-
Vincent divers domaines, parmi lesquels se trouve le

lieu appelé *Vienisaco* (le P. Colombi, dit *Vieniscio*), situé « à *Bergundia*, dans le comté de Viviers ».

S'agit-il de Vinezac ou bien d'un lieu plus rapproché des donations qui accompagnent celle-là, par exemple *Vinsas*, près du Bourg-Saint-Andéol, que désigne peut-être le mot *Bergundia* ? M. le chanoine Rouchier penche pour Vinezac, et cette interprétation n'a rien d'invraisemblable.

Une autre donation, inscrite dans le même recueil, qui se rapporte plus sûrement à Vinezac, est celle d'Aspasie. Elle est indiquée dans la *Charta vetus*, d'une façon presque inintelligible, que nous croyons avoir rectifiée d'une façon satisfaisante. Après avoir donné Mézilhac à l'Eglise de Viviers, Aspasie ajoute à ce don *Vitem et Pruinis*, c'est-à-dire Vinezac et Pruinas (hameau voisin) jusqu'à la rivière de Ligne (1).

Au XIIIe siècle, l'église de Vinezac, en vertu sans doute des donations que nous venons d'indiquer, se retrouve parmi les possessions de l'Eglise de Viviers. Elle figure, en 1255, dans un échange conclu entre l'évêque, Arnaud de Vogué, et le chapitre de sa cathédrale. Aux termes de cet acte, l'évêque cède au chapitre, avec l'église de Vinezac, celles de Jaujac, Joanas, Mirabel, St-Remèze et St-Thomé, contre

---

(1) Voir nos *Notes sur l'origine des Eglises du Vivarais*, II. 155, 158 et 167.

celles de St-Vincent-de-Rez, Gras, Lanas et d'autres possessions à Valvignères, que lui cède, de son côté, le chapitre. Aimon de Génève, successeur d'Arnaud, confirma cet échange.

Des documents de date postérieure montrent que l'évêque possédait, non seulement l'église de Vinezac, mais une part au moins de la seigneurie de l'endroit, puisque nous le voyons peu après, pour se créer des ressources, dit le chonoine de Banne, vendre, par actes des 13 décembre 1256 et 14 janvier 1257, la seigneurie de Vinezac à Aymar de Julien et Pierre de Laudun. La preuve, d'ailleurs, qu'il n'était pas l'unique seigneur du lieu, c'est qu'en 1258, la fameuse dame Vierne, la bienfaitrice du Bourg-Saint-Andéol et de Saint-Marcel, assistée de son fils Guillaume de Baladun, vendait une part de cette même seigneurie à Guillaume de Laudun. Mais l'évêque avait dû conserver un droit de suzeraineté, et c'est pourquoi, on trouve en 1287, Hugues de la Tour recevant à Viviers l'hommage d'Aymar et d'Arnaud de Julien, seigneurs de Vinezac.

Deux ans après, l'église de Vinezac reparaît, dans un arbitrage de l'archevêque de Vienne entre l'évêque de Viviers et son chapitre, parmi les églises dont la possession est confirmée au chapitre. On verra plus loin que cette église n'a jamais cessé jusqu'à la Révolution de dépendre du chapitre de Viviers, puisque celui-ci nommait encore, en 1789, le curé de Vinezac (ainsi que ceux de St-Germain et de St-Remèze).

Le 19 juillet 1333, Henri de Villars, évêque de Viviers, recevait encore l'hommage d'Aymar de Julien, seigneur de Vinezac.

La famille de Julien, que nous venons de voir acquérir une part de la seigneurie de Vinezac, apparaît, dans les chroniques du Vivarais, même avant le XIII° siècle, sous les noms de *Jalhians*, *Jallians*, *Juillen* et *Julien*. D'après des titres conservés au château d'Allègre (Haute-Loire), Aymar ou Adhémar de Julien, l'acquéreur de la coseigneurie de Vinezac et d'Uzer en 1256, serait le descendant d'un Pons de Julien, qui rendit hommage, en 1119, à Pierre de Beaumont.

Cet Aymar est sans doute le même qui figure comme baile d'Aubenas, dans l'acte des libertés accordées à cette ville le 4 des ides de septembre 1276, par noble Héracle de Montlaur, assisté de son fils, Pons de Montlaur, et de son frère Pierre de Montlaur, prieur de Langogne.

Aymar de Julien se trouve encore parmi les témoins de l'acte de confirmation des libertés d'Aubenas en 1285 par Pons de Montlaur, mais là il est simplement désigné par les mots Aymar Julien, de Largentière.

Cet Aymar, n'ayant pas d'enfants, aurait eu pour héritier son frère Pierre.

Sur la généalogie des Julien à ces lointaines époques, on peut consulter le dernier ouvrage de M. Raymond de Gigord.

Cet écrivain constate que cette ancienne maison, fixée autrefois à Mirabel, possédait de grands biens dans le Coiron et dans le mandement de Balazuc. La coseigneurie de Vinezac, qu'elle avait acquise en 1256, sortit de ses mains pour passer aux Joanas et ensuite au Charbonnel, de Chauzon, d'où elle rentra dans la maison de Julien, en 1644, par le mariage de Marie de Charbonnel, avec Louis de Julien, seigneur de la Baume. Les Julien étaient devenus seigneurs de la Baume-sous-Coiron, par suite du mariage, en 1547, de François de Julien avec Hélix de Colans, héritière de la Baume. C'est à cause de la fusion des deux familles de Charbonnel et de Colans, en celle de Julien, que celle-ci ajouta à son blason les armes de ces deux familles et les modifia de la manière suivante : Écartelé aux 1 et 4 d'azur à la colombe essorante d'argent, qui est de Colans ; aux 2 et 3 de sable à la tour d'argent ajourée de gueules, qui est de Charbonnel ; sur le tout, d'or à la bande de gueules, qui est de Julien (1).

Il est à remarquer que le nom de Julien est surtout fréquent dans les vieux documents qui concernent

(1) La noblesse de la sénéchaussée de Villeneuve-de-Berg en 1789, p. 244-45.

la région de Largentière, en sorte qu'on peut se
demander si ce n'est pas de ce lieu que les premiers
Julien sont originaires, plutôt que de Mirabel, comme
le présument MM. de Gigord et de Montravel.

Voici, en dehors des indications de M. de Gigord,
quelques données nouvelles sur les anciens Julien :

Pierre Julien, de Largentière, s'engage, par une
transaction du 25 septembre 1308, à faire payer chaque année au prieur de Bonnefoy, trois muids de vin
par ses ténanciers d'Aubenas, en échange de semblable quantité donnée au couvent par son aïeul Aymar
Julien, et assise sur le lieu de Largentière.

En 1320, Pierre Julien figure parmi les coseigneurs
d'Uzer. Il avait un seizième de la justice d'Uzer (en
commun avec Bertrand de Mallet, au nom de Pétro-
nille, sa femme). Les autres coseigneurs étaient noble
Aymeric de Naves pour la moitié, le seigneur de
Balazuc pour un quart, Hugon de Sampzon et les
frères Decombes, chacun pour un seizième.

Le 28 mars 1329, la veuve de Pierre Julien, coseigneur de Vinezac, comme tutrice de leurs enfants, fait
reconnaissance et hommage à noble et puissant homme,
Guillaume de Balazuc, seigneur de Balazuc, de tout
ce qui leur appartient dans les châteaux de Vinezac
et Uzer, soit tours, forteresses, maisons, juridictions
hautes et basses, etc., en vertu d'une transaction
entre ledit Balazuc et noble homme Jarenton des

Esparviers, passée à Uzer dans la maison de vénérable messire Armand de Combes, chanoine de Viviers, en présence de Guillaume Gautier, Pons du Teil, coseigneur du château de Vinezac, noble Bertrand Malet, messire André de Villars, prêtre, Jean Fayn, Pierre Bosc et Pons Loquier (Raymond de la Baume, notaire) (1).

En 1332, Pons Julien, de Largentière, donne en emphytéose perpétuelle à Jean Blanchon, du monastère de Saint-Chaffre, une vigne située aux Egaux, paroisse de Chassiers (2).

Nous avons déjà mentionné l'hommage d'Aymar de Julien à l'évêque de Viviers en 1333.

Le cartulaire de Mercoire en Gévaudan mentionne une quittance de droits de lods, donnée en 1337, au procureur de cette abbaye, par Aymar et Pierre Julien, frères, seigneurs du château Vilzac (évidemment Vinezac), pour une vigne située au territoire de Largentière.

En 1346, Guillaume et Pierre Julien, de Mirabel, se font mettre en possession d'un pré par le sergent royal, qui y arbore les panonceaux royaux. Ce pré est situé dans le mandement de Saint-Laurent (en Coiron) au territoire d'Albichal.

---

(1) Bibl. Nationale Mss Carrés d'Hozier, au mot *Julien*.
(1) Parchemin de notre collection.

En 1347 nobles Aymar et Pierre Julien reçoivent de noble Jean de Gardes, au nom de sa femme, une reconnaissance concernant le terroir de Volpilière, près de Largentière.

Les Nobiliaires mentionnent d'assez nombreuses familles nobles de *Julien*, *Jullien* ou *Julianis*, appartenant à diverses provinces de France. La plus considérable paraît être celle des Julien de Bourgogne, sur laquelle M. de Courcelles, qui s'y rattachait par sa mère, a donné une Notice très détaillée. Mais rien n'indique un lien de parenté entre ces Julien et ceux du Vivarais. M. de Courcelles ne consacre à ceux-ci que quelques lignes empruntées aux *Pièces fugitives* du marquis d'Aubais. En attendant de revenir plus tard sur nos Julien, nous avons à donner, sur la seigneurie de Vinezac au XIIIᵉ siècle, de nouveaux détails complètement inédits, recueillis dans les papiers des Chalendar de la Motte, de Chassiers, qui, eux aussi, sont devenus plus tard coseigneurs de Vinezac (1).

⁎
⁎ ⁎

L'acte le plus ancien cité dans un Mémoire d'Aymes de Chalendar, sur la terre de Vinezac, est de 1233. Le 7 des calendes d'avril de cette année, Guillaume de

_____

(1) Archives de M. Fernand Vital, du château de Chassiers.

Chaste acquit cette seigneurie, avec justice totale, clameurs, four, moulins et autres droits seigneuriaux, et reçut l'investiture du seigneur de Balazuc (acte reçu Mᵉ Raymond de Gosas, notaire).

Les enfants de Guillaume de Chaste revendirent la place de Vinezac aux ides de décembre 1257 à Pierre de Laudun, écuyer, qui reçut aussi l'investiture du seigneur de Balazuc (Olivier de Paris, notaire).

Un autre acte reçu Guillaume Rostaing, notaire, contient l'inféodation audit Pierre de Laudun du château de Vinezac, avec juridiction totale, censives et autres droits appartenant à ladite place, réservant seulement les *bouyrades* (2) des hommes, ceci à cause des pâturages de Balazuc.

En mars 1297, la place de Vinezac (c'est-à-dire le château, moulin, four, hommes et juridiction), fut partagée entre Arnaud Testamelhe et Aymar Julien (Arnaud Malaza, notaire).

En 1312, le 10 des kalendes de juillet, un Alzias Testamelhe prend un certain moulin de Picaud à nouvel accapt de l'Eglise de Viviers, avec la condition que le moulin ne pourra être aliéné.

En 1323, Alzias de Joanas arrente la seigneurie de Vinezac à Pascal de Cellier, prêtre de l'endroit.

---

(2) Les *bouyrades* sont des corvées pour les provisions de bois.

La place de Vinezac était, comme on l'a vu, tenue en arrière fief du seigneur de Balazuc. C'est ainsi qu'elle fut reconnue par un Testamelhe, coseigneur de Vinezac, en 1311 (Guille de Portal, notaire) ; par noble Pons de Joanas, mari de noble Alziette Testamelhe, en 1325 et en 1345 ; par noble Alzias de Joanas, coseigneur de Vinezac, le 19 août 1354 (Jean Audigier, notaire) (1). La reconnaissance de 1325 fait présumer que la part des Testamelhe avait passé par mariage aux seigneurs de Joanas. Ceux-ci étaient donc entrés dans la coseigneurie de Vinezac bien avant l'époque où M. de Gigord (2) supppose que l'événement aurait eu lieu, par suite du mariage d'une Julien, avec un Alzias de Joanas effectué en 1370.

Les archives des Chalendar deviennent, vers cette époque, muettes au sujet de Vinezac, jusqu'au milieu du siècle suivant.

Des notes puisées à d'autres sources nous permettent de suivre dans cet intervalle les faits principaux de l'histoire de Vinezac et de ses seigneurs.

On trouve un Raymond de Joanas tuteur d'Aymar de Julien en 1360, constituant, le 22 mai de l'année suivante, en cette qualité, une emphythéose de sept

---

(1) Archives du château de Chassiers.

(2) La *Noblesse de la Sénéchaussée de Vill. de B.* p. 247.

sétiers de vin par an sur une vigne sise à Valnagole (?) et possédée par Bernard Chabrolin (1).

Dans des reconnaissances à la dame d'Uzer, de l'année 1369, figure une terre appartenant au *cloître de Vinezac*, ce qui semble indiquer que l'église était alors desservie par des moines (2).

Le 10 mars 1382, Hilaire Aimon de Vinezac, sachant que son fils veut entrer dans les ordres, ce qu'il ne pourrait bien faire, *nisi prius atitulato precio*, lui donne, pour son titre honorifique, la nourriture, le vêtement et la chaussure, à prendre sur tous ses biens selon leur faculté, et pour son habitation, une chambre à Vinezac.

En 1387, Alzias de Joanas, coseigneur de Vinezac, donne son consentement au prix-fait de la reconstitution des murailles du *castrum*, c'est-à-dire du bourg tout entier, et permet aux habitants d'appuyer ces murailles contre le château.

Cet acte dont nous avons trouvé le texte dans un registre de Brive, notaire à Largentière (3), est fort intéressant pour l'histoire locale, puisqu'en nous donnant au moins en partie la physionomie de Vinezac à cette époque, il nous fait connaître les noms des

(1) R. de Gigord. *Le Mandement de Joanas.*

(2) *Notice sur Uzer*, p. 22.

(3) Etude de Mᵉ Brun, notaire à Joyeuse.

principales familles. A ce titre, on nous permettra d'en donner une analyse détaillée.

Voici d'abord les noms des habitants :

Pierre Servier, Jean Bonnier, Jean Lausin aîné et cadet, Bertrand Olivier, Michel Fabrèges, G. Sellier, Pierre Bonnier, Bertrand Delvet, Jean Sellier, Pierre Sabatier, Jean Soleyrol, Jean Merchadier, Etienne Brun, Pierre Ginès, Pierre Brun, Pierre Pouzache, Etienne Molle, Pierre Testut, André Baudan, Jean Michel, Pierre Chassille, Alasie femme de Raymond Chalvet, Etienne Averon, Pierre Roure, Raymond Montcouquiol, Martin Serbe, Pierre Pascal, Pons Brun, André Rotger, Jean Auriol, Etienne Vilar, Guillaume Dumas, Etienne Fabre.

Le 10 juin 1387, tous ces hommes, réunis chez le notaire Brive, du consentement de noble homme, messire Alzias (ou Auzas), coseigneur de Joanas et de Vinezac, chevalier, traitent avec Archier, père et fils, de Largentière, « pour l'édification, la construction et la réparation du lieu de Vinezac ».

Il est entendu, premièrement, que les Archier doivent bâtir tout autour (*circumcirca*) du lieu de Vinezac, excepté les forts *(fortaliciis)* des seigneurs du dit lieu, en suivant le plan des anciens murs (*ita videlicet quod juxta formam antiquorum murorum ibidem inceptorum teneantur et debeant dictos muros elevare*). Ces murs doivent être portés à la hauteur de six cannes (1), y compris *lecachompreys* (?) et les créneaux (*merletis*).

De quatre en quatre créneaux, il y aura une *archeria*, c'est-à-dire une ouverture de forme allongée et étroite pour le tir des archers, ce qu'on appelle aujourd'hui une meurtrière.

Les entrepreneurs seront tenus de faire au portail dudit lieu, qui est du côté du levant, deux tours carrées bien bâties, ayant une canne de côté et sept cannes de hauteur, y compris les créneaux pour une canne, et les soubassements(*massissis*) pour une canne, au-dessus du niveau du sol, (*videlicet a quolibet latere dicti portalis unam, et quod sint chamfragna de proponendo unam portam coludissam et facere unum arcum seu unam barbacanam de unacum ad aliam*) c'est-à-dire que le portail doit avoir une canne de chaque côté, avec des chanfreins pour mettre une porte, et un arceau ou barbacane pour faire correspondre les deux tours.

Les Archier auront à faire une autre tour, de la hauteur des précédentes, mais ronde, dans le chantier des murs de la ville, qui touche la maison de feu Simon Bonnier.

Ils seront tenus de faire à l'autre portail (*in alio*

---

(1) La canne ou toise représentait environ deux mètres.

portali) du dit lieu, qui est du *fortalicium* du seigneur de Vinezac, une barbacane convenable.

C'est à eux qu'il incombe de se procurer la chaux nécessaire pour ces travaux.

Ils devront faire dans les endroits où cela sera jugé opportun, ou bien là où les hommes de Vinezac le voudront six *eschisas* (guérites) ou *cornelleras*, rondes ou carrées, avec *bachetas*, d'une hauteur dépassant d'une demi canne les créneaux des dits murs.

Ils devront faire ou achever les gradins commencés aux dits murs jusqu'aux couloirs (*corredos*), en les complétant ou les élargissant. Ils devront aussi compléter ou élargir les dits couloirs de l'espace d'un palin (*per spatium unius palini*) (?)

Ils devront munir la partie extérieure des *corredos*, tout autour des dits murs, de tuiles ou lauses, pour se parer des escalades ou pour qu'une échelle ne puisse monter plus haut *(juxta los corrados a parle foris circumcirca dictos muros de tegulis sive lausis pro evitando de scalando seu quod escala non possit ultra ascendere)*.

Item il a été convenu que les Archier feront un mur depuis certaine *beyria* (ou *veyria*, fenêtre ?) de l'église du dit lieu de Vinezac du côté du petit portail (*portalici*) jusqu'à certain gradin voisin des dits murs, et depuis le chantier(1)inférieur de ladite église jusqu'au chantier inférieur de la basse-cour du fort du seigneur de Joanas, auquel chantier de ladite basse-cour les Archier devront faire une tour, ronde ou carrée, de la hauteur d'une canne et demie au-dessus des créneaux desdits murs, et cette tour comptera pour une des six guérites dont il est question plus haut.

Les hommes de Vinezac auront à creuser les fondements ou tailler le rocher (*seu lapeaso*) là où il sera nécessaire. Ils démoliront la partie faible des murailles où l'on ne pourrait bâtir sûrement et les Archier bâtiront au-dessus. Ils devront apporter au pied des murailles, c'est-à-dire là où il sera nécessaire, le sable et les pierres. Ils. fourniront le bois nécessaire pour faire la chaux, en dehors des arbres fruitiers du mandement de Vinezac. Ils devront apporter, au pied des murailles où l'on voudra bâtir, trois muids de chaux, pourvu cependant que cette chaux soit faite dans le mandement de Vinezac ou ailleurs le plus près possible, aux frais desdits hommes. Ils devront fournir aux Archier toutes les poutres nécessaires pour la charpente de ladite construction, poutres que les Archier auront à couper, mais que les gens de Vinezac auront à transporter et à placer pour la charpente (*redreyssando pro istatgeriando*).

----

(1) *Chanterius*, espace vide entouré de murs. DUCANGE.

Les hommes de Vinezac devront donner aux Archier un endroit où ceux-ci puissent travailler et remiser leur chaux jusqu'à la fin de l'entreprise. Ils devront curer les citernes, *posaranchas* et autres lieux où l'eau s'amasse, afin que les Archier puissent recevoir l'eau et en profiter,

Chaque homme de Vinezac sera tenu, pendant les deux proches années, de faire aux Archier, chaque semaine, une journée à ses frais. Pour cette journée, chaque homme devra venir et bien et fidèlement travailler du lever au coucher du soleil, et ceux qui ne voudront pas auront à payer trois sous petits *(solidos parvos)*.

De plus, les hommes de Vinezac cèdent aux Archier *retrodecimam sive l'oreire deyme* (l'arrière-dîme) des sept prochaines années de celles de leurs récoltes pour lesquelles ils sont obligés de payer la dîme à l'église de Vinezac.

Il est convenu aussi que les Archier percevont cette *retrodecima* sur les autres personnes qui ont une habitation au lieu de Vinezac, ou qui demeurent dans le ressort de la paroisse de Vinezac, à l'exception des seigneurs de Vinezac et de messire Pierre Rodier, prieur de Saint-Laurent.

Les hommes de Vinezac sont tenus de fournir les Archier de pierre froide de couleur bleue et cuite *(coysso)*, suivant l'ordre de deux prudhommes à élire par les parties.

Les Archier s'engagent à terminer le travail dans le délai de quatre ans. Dans le cas où les hommes de Vinezac ne feraient pas les journées convenues, ils seraient tenus de donner aux Archier pour chaque journée un crosat (1).

Cette convention fut passée à Vinezac, sur la place située au-dessous de la maison de noble Jarenton *de Banacio*. Les témoins furent : noble seigneur Alzias, seigneur de Joanas, chevalier ; Gonet, son fils ; messire Raymond Mathieu, curé de Saint-Saturnin de Lespinasse ; Michel Suchet, clerc, de la paroisse de Joanas ; Pierre Cayras, de Balazuc ; messire Jean Lasnoneuche, prêtre de Chassiers.

La réparation de murailles de Vinezac à cette époque s'explique aisément si l'on songe à la période critique que traversait le Vivarais.

Depuis les premiers désastres de la guerre des Anglais, suivis de la victoire des routiers à Brignais, les bandes d'aventuriers s'étaient jetées sur le Midi et notre pays n'avait pas échappé à leurs ravages. Aussi voit-on alors la plupart des lieux susceptibles de défense se fortifier. En 1378, l'abbesse de la Villedieu et les habitants de l'endroit obtiennent, du seigneur de Montlaur, l'autorisation de construire, pour leur sécurité, un fort, et d'élire un capitaine revêtu d'une

---

(1) *Crosatius*, pièce de monnaie où était figurée une croix.

autorité suffisante pour le faire garder. L'année suivante, c'est la communauté d'Aubenas, qui passe une convention avec le Couvent des Cordeliers pour la construction d'une tour, destinée à protéger la ville de ce côté, « vu la crainte qu'on a de voir les chefs anglais arriver d'un jour à l'autre dans le pays ». En 1382, les bandes anglaises rançonnent le Puy et beaucoup de villages des hautes régions du Vivarais : Pradelles, la Villate, Lespéron, etc. (1).

La même année commence la jacquerie, dite révolte des Tuchins, qui fit beaucoup de mal en Vivarais. On arrêta un certain nombre de coupables qui furent exécutés à Villeneuve-de-Berg et à Boucieu (2).

On comprend que dans ces conditions les habitants de Vinezac aient jugé prudent de réparer leurs murailles. On dut en faire autant en beaucoup d'autres endroits, et c'est de cette époque sans doute que date la clôture de la plupart des villes ou bourgs du Vivarais, dont le nombre, avant les guerres religieuses, était de 68. Voici leurs noms pour le Bas-Vivarais, d'après l'état qui en fut fourni aux Etats réunis à Aubenas en 1541 :

Aps, la Roche d'Aps, Aubenas, Aubignas, Balazuc, Bays-sur-Bays, Bourg-Saint-Andéol, le Cheylard,

---

(1) Chronique de Médicis, du Puy, t. 2, p. 307.
(2) Voir notre *Essai historique sur le Vivarais pendant la guerre de cent ans*.

Chomérac, Cruas, Gras, Saint-Jean-le-Centenier, Joyeuse, Saint-Just, La Chapelle, la Gorce, Lanas, Largentière, Saint-Laurent-en-Coiron, La Villedieu, Saint-Marcel-d'Ardèche, Mirabel, Saint-Montan, Saint-Pons, Le Pouzin, Pradelles, Privas, Rochemaure, Rochessauve, Ruoms, Sceautres, Le Teil, Saint-Thomé et les Crottes, Tournon-lès-Privas, Ucel, Vagnas, Vals, Valvignères, Vendrias, Vesseaux, Villeneuve-de-Berg, Saint Vincent-de-Barrès, Vinezac, Viviers et la Voulte (1).

Pierre Rodier qui figure dans l'acte de Vinezac, était licencié ès-lois et prieur de Saint-Laurent-les-Bains. On voit, dans un autre acte du même registre notarial, passé dans la curie spirituelle de Largentière, un Vincent Marin, prêtre de Mayres, reconnaitre devoir audit Rodier cinq francs et demi d'or, à raison d'une amende qu'il avait encourue pour certains excès, du temps de feu Bertrand, évêque de Viviers, de bonne mémoire — amende que Rodier avait payée, en son nom, à l'évêque.

*
* *

Une famille de Servissas, ainsi nommée d'un mas de la Chapelle, près d'Aubenas, apparaît vers la même

(1) Archives du département de l'Ardèche. C. 1141.

époque comme ayant part à la seigneurie d'Uzer, et un peu plus tard à celle de Vinezac.

Me Jean de Servissas est en 1380 le mari de noble Agnès de la Baume (de la famille des seigneurs d'Uzer), à qui Dragonnette de Naves a vendu la terre d'Uzer, avec sa justice.

En 1441, c'est Albin de Servissas qui passe, avec noble Alzias de Joanas, une transaction, où l'on voit que les Averon, dits Chalamels, famille de Vinezac, sont les « maîtres juridictionnels ».du lieu.

En 1478, Olivier de Servissas, le fils du précédent sans doute, est seigneur par indivis, avec Alzias de Joanas, du mas de Merzelet, à Vinezac. Tous deux le vendent à Guigon Chalendar, notaire de Chassiers, qui devient ainsi à son tour coseigneur de Vinezac. Mais la chose n'alla pas toute seule, au moins en ce qui concerne la part d'Olivier de Servissas. Celui-ci, en effet, regrettant sans doute sa détermination, *roba* des livres du notaire l'acte de vente de sa part de Merzelet, et il fallut une enquête, ordonnée par la cour de Villeneuve-de-Berg, pour reconnaître la vérité. Le coupable étant mort avant la fin du procès, Jean de Servissas, son fils, conclut une transaction avec Guigon Chalendar. Celui-ci acheta à peu près en même temps d'Alzias de Joanas, le bois de la *Keyrié*.

Jean de Servissas avait conservé une part de la

coseigneurie, car dans son mémoire, Aymes de Cha_
lendar, fils de Guigon, l'appelle souvent son *parier*.

Servissas avait notamment le quart des droits du
four, les trois autres quarts appartenant à Chalendar.
Le four et les moulins étaient au vingtain, c'est-à-
dire que le seigneur prélevait la vingtième partie de
la farine. Jean de Servissas était aussi le beau-frère
d'Aymes de Chalendar, puisqu'il avait épousé Paule,
une des filles de Guigon.

Les Servissas continuent à être qualifiés coseigneurs
de Vinezac dans les actes du XVI⁰ siècle.

En 1538, noble Jean de Servissas, coseigneur d'Uzer
et de Vinezac, acquiert certaines rentes que noble
François de Borne, seigneur de la Bastide (à Uzer),
possédait au mandement et juridiction d'Uzer.

En 1553, Guillaume de Servissas, coseigneur de
Vinezac, est condamné à rendre hommage à Antoine
de la Baume, seigneur d'Uzer, pour le fief de la
Bastide. Enfin, en 1560, il cède à noble François de
Borne, le fief de la Bastide et ses dépendances.

Les seigneurs de Joanas ne restèrent que peu
d'années coseigneurs de Vinezac, après la vente de
Merzelet.

En 1488, noble Alzias donne l'investiture à Antoine
Pascal, de Vinezac, pour une maison située dans ce
bourg, que lui avait vendue messire Aymon Chalendar, notaire à Chassiers. Selon le langage d'alors,

Aymon se dépouilla de cette maison entre les mains de noble Alzias qui en revêtit Pascal.

Le 29 septembre de la même année, une transaction est passée entre Chalendar et les habitants de Vinezac au sujet de la contribution des tailles. « Il fut accordé, dit le mémoire d'Aymes, « que notre patrimoine ancien de nostre dite place de Vinezac seroit franc et qu'encore pourroit mondit père acquérir d'autres biens sans contributions jusques à la valeur des biens aliénés par lui ».

Noble Alzias de Joanas avait marié sa sœur Catherine à noble et puissant homme, messire Guillaume d'Arlempdes, seigneur de Chastanet, dans la paroisse de Valgorge. Cet Arlempdes, était, paraît-il, assez embarrassé dans ses affaires, et c'est pour échapper aux poursuites de ses créanciers, qu'il vendit en 1482, à son beau-frère Alzias, au prix de 100 livres, tous ses droits, censes et juridictions à Chastanet. Dans un acte reçu par le notaire Jourdan, de Chassiers, il reconnaît avoir reçu les 100 livres, en déduction de la dot de sa femme, tant en un cheval de poil bayard, qu'en une caution de 30 livres donnée par Alzias à Claude Fabre, marchand d'Aubenas. Il résulte d'un autre acte de la même année, que cet Arlempdes avait vendu à noble Guigon de Chalendar, seigneur de Merzelet, un domaine *(boria)* dit *Labley*, à Saint-Etienne-de-Lugdarès, et qu'il était à ce titre créancier de Guigon pour 150 livres, mais en étant lui-même débiteur de 90 livres à Alzias.

Finalement, en 1488, Guigon Chalendar acquit « le bloc de la place de Vinezac, château, juridiction d'icelle, censives, fours, moulins, patrimoine et autres dépendances », par permutation faite avec noble Alzias (Jourdan Chanaleilles, notaire).

En même temps que le bloc de la place de Vinezac, Guigon acquit d'Alzias de Joanas le pré de Gourgrand ou Pradinas, franc et libre de tous subsides, plus tard la vigne et tinal de la Brousse, au terroir de Foussat, etc.

Les acquisitions des Chalendar à Vinezac et ailleurs sont fort nombreuses, et il serait trop long de les énumérer. Notons seulement un pré du Chambon, à Merzelet, qui passa par échange à l'église de Chassiers ; et à Vinezac, deux vignes, « l'une au terroir de Bordariq, l'autre au terroir de Vianet, appartenant à nostre chapelle dudit Vinezac, laquelle devons faire au quartier gauche du chœur, par le testament de feu Aymes de Chalendar, mon aïeul, et est prêtre recteur du présent Pierre Clauzade, clerc, par collation à luy faite de moy ».

Il est dit ailleurs, à ce propos, qu'Aymes de Chalendar « fonda une chapelle sous le titre de Notre-Dame et de Saint-Christophe, dans l'église de

Vinezac, à la gauche du chœur, en conséquence du testament de ses prédécesseurs, qui avaient à cette fin donné deux vignes, en y ajoutant lui-même d'autres vignes, pré et terre. Cette chapelle sera à la collation de ses héritiers ».

Ces lignes sont d'un mémoire du président Annet de la Motte, qui vivait au XVIIᵉ siècle, et montrent que les héritiers d'Aymes, dont le testament est de 1541, ne s'étaient pas pressés de remplir ses intentions.

Dans le testament de Pierre Chalendar, notaire à Chassiers, du 2 juin 1432 (le document qui indique le mieux l'origine des Chalendar de la Motte), on trouve divers legs pour l'église de Vinezac, et d'autres pour les églises d'Aillou, Uzer, Joanas et Prunet.

Laissons pour le moment les seigneurs de Vinezac — et cherchons dans les vieux registres de notaires et ailleurs quelques traits des mœurs du temps.

Le testament d'Antoine Auriol, de Vinezac, en date d'avril 1482, nous semble, à cet égard, digne d'intérêt.

Le malade, car il se dit faible de corps et infirme, quoique sain d'esprit, « sachant que les jours de l'homme sont courts, que rien n'est plus certain que la mort et plus incertain que l'heure de la mort, etc. après avoir fait le signe de la croix, dicte au notaire ses dernières volontés. Il veut être enterré dans le cimetière de la Vierge Marie (*Beatæ Mariæ*), à

Vinezac. Il veut qu'il y ait dix prêtres à son enterre-
ment, à sa neuvaine et à sa quarantaine, et qu'à
chacun il soit donné quinze deniers. Le jour de
l'anniversaire de sa mort, il devra y avoir vingt
prêtres, qu'on fera dîner convenablement, suivant
l'usage, et on donnera à chacun quinze deniers. Ses
héritiers feront son offrande de pain, de vin et de
luminaire, pendant un an, selon l'usage, à l'église de
Vinezac. Il lègue :

Au vicaire, pour recommander son âme, un setier
de vin ;

A l'œuvre de l'église, dix sols ;

A chaque confrérie qui se fait à Vinezac, une
demi-livre de cire ;

Cinq sols par jour, au prêtre qui fera la neuvaine
de sept jours ;

Quinze deniers tournois, à la confrérie qui se fait
dans l'église de Largentière, le 1er août, en l'honneur
de Saint-Pierre.

Auriol lègue à son fils Philippe, par droit d'insti-
tution d'héritier, seize livres payables, quand il se
mariera, à raison de vingt sols par an. Il lui lègue
aussi huit brebis, à savoir cinq siennes et trois
miennes ».

Il veut que Pierre, son second fils, soit homme
d'église, et que l'héritier pourvoie à son entretien
jusqu'à ce qu'il puisse le faire lui-même. Il lui lègue

pour cela les frais de nourriture, d'habillement et de chaussure, ainsi que la jouissance viagère d'une vigne, qui, après sa mort, devra revenir à son héritier universel. Si Pierre ne veut pas être d'église, le testateur lui lègue seize sous et deux brebis.

Il lègue vingt-cinq livres à chacune de ses quatre filles, et de plus à chacune, pour leur lit dotal, deux couvertures (*lodices*), deux draps et un coussin sans plume.

Enfin il institue son fils aîné héritier universel pour tout le reste, après avoir attribué à sa femme Catherine l'usufruit et le gouvernement de tous ses biens.

Notons encore les faits suivants qui concernent Vinezac au XVᵉ siècle :

En 1429, noble Amblardon de Noirétain (de Nigro Stangno), d'Aubenas, possède des droits dans le mandement de Vinezac et nomme des procureurs pour toucher ses censes.

Les registres du notaire Louis Gras d'Aubenas contiennent un acte (vers 1440) par lequel Pierre Cellier et Pierre Dubois, de Vinezac, reconnaissent devoir à Jean de Ruoms (de Ruomis), qualifié *providus vir*, la somme de 30 moutons d'or et demi, pour cause de la vente du devès, ou d'un devès, du Gras de Balazuc *(causa venditionis devesii gradus Baladuni)*.

Ce Jean de Ruoms, quoique simple cordonnier à Aubenas, était un des petits capitalistes de la contrée, à en juger par les nombreux achats ou prêts d'argent effectués en son nom par les notaires du temps.

En 1493, noble Itier, seigneur de Goérand, achète au prix de 13 livres 10 sols, une pension annuelle d'un muid de vin, mesure d'Aubenas, c'est-à-dire 28 setiers pour le muid. C'est un habitant de Vinezac, nommé Giraud Dubois, qui conclut ce marché, en stipulant son annulàtion, pour le cas où il restituerait avant dix ans l'argent reçu (1).

(1) *Notes sur le Commanderie des Antonins d'Aubenas*, p.12

III

VINEZAC AUX XVIᵉ et XVIIᵉ SIÈCLES

Vinezac pendant les guerres civiles. — Les Pénitents bleus de Chassiers, les Pénitents noirs de Vinezac et les Pénitents blancs de Largentière. — Le capitaine *Vinezac*. — Comment la seigneurie de Vinezac rentra dans la maison de Julien. — Notes sur les Charbonnel. — Les Chalendar de la Motte. — Procès de succession. — Les Chalendar recouvrent la seigneurie de la Motte de Chassiers, et les Julien restent en possession de Vinezac. — La Croix de la Vernade.

Vinezac paraît avoir été peu mêlé aux guerres politico-religieuses du XVIᵉ et du XVIIᵉ siècle. Son nom est à peine prononcé dans les chroniques du temps qui relatent cependant les dévastations des paroisses environnantes, la Chapelle et Chassiers, et même la prise de Largentière en 1581, par une bande de huguenots.

Trois ans après, ses seigneurs jouent un rôle dans un fait d'une certaine importance régionale : il s'agit de la fondation de la confrérie des Pénitents bleus de Chassiers, dans laquelle M. Léon Vedel (1) voit avec raison, non pas uniquement la manifestation palpable d'une pensée religieuse, mais encore l'expression d'une situation politique. La Ligue, qui fut créée vers cette époque, n'était-elle pas la conséquence logique du trouble des consciences catholiques devant la perspective d'un roi huguenot, et n'a-t-elle pas rendu le plus signalé des services à la France, en obligeant l'héritier du trône à embrasser la religion de l'immense majorité du pays ?

Voici donc ce qui se passa le 26e jour de février 1584, entre quelques gentilshommes catholiques du Vivarais, réunis à Chassiers.

« M. Louis de la Vernade, seigneur des lieux du Blat, la Bastide, coseigneur de Laurac et de Tauriers, étant revenu en sa maison de la Vernàde, de la ville de Lyon, où il était allé quelques jours auparavant pour certaines affaires, se trouvant, un jour de la première semaine de Carême, en la paroisse dudit lieu de Chassiers, à l'issue du sermon et divin service, en compagnie du sieur de Laugères, baron de Balazuc, etc., gentilhomme de la chambre du roi, du sieur aussi de Malarce, son frère, du sieur de la Motte, de Chassiers, coseigneur de Vinezac, syndic

_____

(1) *Patriote de l'Ardèche*, chronique du samedi.

du Languedoc, de son frère, M. le commandeur de la Motte, etc., leur fit entendre que lui étant audit Lyon, lui ressouvenant d'un propos qu'autrefois le sieur de Vinezac, son cousin, lui avoit tenu de dresser une compagnie de Pénitents, était allé voir la chapelle des Pénitents blancs de la dite ville, laquelle il leur loua grandement, ensemble la grande dévotion et façon de faire des confrères d'icelle : de quoi étant tous émus de semblable, à leur imitation prirent la résolution de dresser une autre de *bleus* dans l'église Saint-Benoît de Chassiers, lequel ils élurent pour lors et prirent pour leur patron, etc. (1). »

La chronique de la confrérie, d'où ces lignes sont extraites, est pleine de détails typiques des mœurs et des idées du temps. Bon nombre de confrères et en tête, son premier recteur, M. de la Vernade, sont tués pour le service du roi et de la foi catholique. Quoi de plus caractéristique encore de la foi ardente de nos pères, que ces processions aux flambeaux faites en compagnie des confrères voisins. Nous voudrions reproduire tout au long le pèlerinage à Villeneuve-de-Berg, des Pénitents bleus de Chassiers et des Pénitents blancs de Largentière, accompli procesion-

(1) *Origine et confrérie des Pénitents bleus de Saint-Benoît de Chassiers*, en Vivarais, registre de ses délibérations — Aubenas, impr. Cheynet — publiée vers 1860 par Cyprien Payan de Chassiers. Les brefs qui l'accompagnent ont été traduits par M. Alexandre Eyssette, alors conseiller d'appel à Pondichéry.

nellement, en 1687, avec le concours de toutes les populations : « les filles vêtues de blanc, la plupart à
pieds nus (25 kilomètres environ par les chemins que
l'on sait !), avec un grand linge bien beau sur la tête,
rangées de deux à deux, alloient devant ; après,
suivoient les veuves, et après, les femmes, de même
rangées. Les Pénitents venoient aussi rangés deux à
deux. A leur queue, étoient quatre diacres avec leurs
habits, MM. les curés et les vicaires avec leurs
chapes, et derrière eux, marchoient les hommes aussi
rangés à deux à deux. »

Une violente pluie d'orage surprend les pèlerins
près de Saint-Germain, et chacun va, s'abritant
comme il peut, sous un arbre, sans interrompre les
chants et les prières.

M. de Vinezac est de ceux qui contribuent à la
chapelle des Pénitents de Chassiers. Il donne un
tableau, « qu'il a fait faire en toile, où il y a un
Jésus-Christ peint à Viviers, couleurs à l'huile,
lorsqu'on le mettoit au sépulcre ».

Plusieurs Vinezac figurent parmi les dignitaires de
la confrérie.

Le nom de Vinezac, vers la fin du XVIᵉ siècle, est
également appliqué aux Chalendar de la Motte et
aux Charbonnel de Chauzon, les uns et les autres
étant coseigneurs du lieu.

Dans notre *Notice sur Uzer*, nous rapportons un

incident survenu en 1582, entre le seigneur d'Uzer et le seigneur de Vinezac. Comme il est dit que ce dernier avait avec lui deux Tardieu, ses neveux, et que les autres hommes qui les accompagnaient, étaient ses sujets de Vinezac et de Merzelet, il est aisé de reconnaître dans ce personnage Charles de Charbonnel, qui avait épousé Anne de Tardieu de Servissas, et c'est probablement ainsi qu'il était devenu coseigneur de Vinezac.

*
* *

Vinezac fut très éprouvé par une épidémie vers l'année 1600. Les papiers du temps disent que les deux tiers des habitants périrent et que les autres se mirent sous la protection de Saint-Sébastien.

C'est en 1612 seulement, que Vinezac, à l'imitation de Chassiers, voulut avoir sa confrérie de Pénitents.

Les associations de ce genre furent très nombreuses après les guerres civiles, parce qu'on comprit alors mieux que jamais les garanties d'ordre et de paix que donne la religion.

La fondation des Pénitents noirs de Vinezac, en l'honneur de Saint-Sébastien, est du 17 janvier de cette année, et voici trois extraits de ses délibérations qui n'offrent pas moins d'intérêt que celles de la confrérie de Chassiers :

Premièrement, en la susdite année 1612, et le jour de Saint-Sébastien, dans l'église du lieu de Vinezac, a été créé recteur de la compagnie noble Louis Charbonnel, sieur de Vinezac, et vice-recteur, Guilhaume Chabert.

Et en la susdite année et le jeudi saint, les confrères de la compagnie se sont assemblés sur le soir en l'église dudit lieu de Vinezac et chapelle de Saint-Sébastien, d'où ils seroient partis en procession rangée, avec un fanal chacun en main, monsieur le Commandeur de la Motte leur assistant, et s'en seroient allés environ une heure de nuit, tous chantant des hymnes et oraisons au lieu de Chassiers, et ayant à l'église d'iceluy gagné les pardons, et de là à la chapelle de Saint-Benoît, où ils furent reçus par les Pénitents bleus du dit lieu qui vinrent au devant de nous hors la chapelle, et ayant fait là notre oraison, serions partis et allés en la ville de Largentière, en même ordre, les pénitents bleus venant après, et en la grande église où, ayant gagné les pardons, fîmes la procession par la ville, y assistant les Pénitents blancs de la ville, marchant tous en bel ordre et faisant bonne *insigne* ; et enfin allâmes gagner les pardons aux Cordeliers hors la ville, et là le recteur desdits Pénitents blancs remercia notre recteur de l'honneur que nous lui avions fait, et enfin nous retournâmes de nuit au lieu de Vinezac, en la susdite chapelle.

Et le même jour susdit saint, environ dix heures du matin, étant tous les confrères assemblés à clochier et au bas de l'église, s'est faite la cène, ayant douze pauvres, auxquels fut lavé les pieds et après donné à chacun deux sols.

. . . .

Le xxii janvier 1615, auroit été tenu une délibération par les susdits confrères, concernant qu'il seroit requis faire approuver par Mgr l'évêque de Viviers, nos statuts et confrérie, et à ces fins fut député Guilhaume Chabert aller au Bourg-Saint-Andéol devers mondit seigneur évesque à cet effet, et l'en supplier de vouloir autoriser ; l'auroit renvoyé revenir dans quinze jours qu'il auroit vu lesdits statuts. Et s'étant retourné

ledit Guilhaume, en ce temps ledit seigneur les approuva sans
difficulté, n'ayant ajouté ni diminué en sus qui sont insérés.

. . . .

L'an 1626, la mission des vénérables Frères Capucins ayant
été depuis peu établie à Villeneuve-de-Berg, il a été obtenu un
pardon qui dura trois móis, durant lesquels toutes les paroisses
du pays du Vivarais allèrent en procession de même que les
ordres et compagnies des Pénitents du dit pays ; en sorte
qu'il y eut à cette occasion cinquante mille communiants dans
ladite ville ou environ. La compagnie des Pénitents noirs de
Vinezac ayant eu la grâce d'être exprès dans ce saint but, ils
eurent l'honneur d'y être reçus dans l'approbation publique ;
leur procession fut une des plus belles en ordre, en conduite
et en beauté, et en plus de dévotion que nulle autre.

Et pour inviter à l'avenir les bons confrères à faire leurs
efforts de surpasser en pareille occurrence leurs devanciers,
ils pourront être informés que ledits Pénitents, pour mieux
être préparés et avoir plus de grâces, eurent deux ou trois
jours dans l'église de Vinezac deux Pères Jésuites, desquels
tous se confessèrent. Enfin leur conscience ayant été disposée
à gagner les trésors qui les animent, ils disposèrent l'ordre de
leur procession de cette sorte :

Environ quatre vingts filles étoient rangées sous leur
bannière et crucifix, toutes vêtues de blanc, avec des grands
voiles jusqu'à terre, tenant un grand cierge, allumé chacune,
quatre desquelles chantoient les litanies de Notre-Dame et
une partie d'autres répondoit avec ordre musical.

Les femmes mariées vêtues de noir suivoient au même ordre
et après environ quatre vingts Pénitents rangés trois à trois
sous leur bannière et crucifix et tenant une grosse torche de
cire ardente à la main. Quatre jeunes enfants, vêtus d'habits
de Pénitents, marchoient après les crucifix, chantant de bonne
grâce les litanies auxquels répondoient une douzaine de suivants.

Sur la fin de la compagnie étaient trois prêtres, savoir :
messire Jean Roche, prieur de Saint-André qui faisait l'office
et messire Louis de Balazuc, curé de Vinezac, et messire

Philippe Mirabel, curé d'Uzer, lesquels, avec les Pénitents proches d'eux, chantaient des hymnes et motets.

Mais ce qui donnait la grâce en tout cela, c'était la nuit à l'entrée de laquelle cette quantité de flambeaux donnait dans l'obscurité une clarté comme le jour.

Ayant visité les églises ordonnées à ce sujet, ils se retirèrent dans six maisons, qui leur avaient été appropriées à cet effet séparément, selon la distinction des conditions et des sexes.

Au matin, ils se mirent à vaquer, à se réconcilier et à communier. Et après dîner, chacun reprit son habit et ordre précédent, dans lequel ils arrivèrent dans leur église où grâces furent rendues à Dieu.

Il est probable que la visite du jeudi saint à Largentière se renouvellait toutes les années. Quelquefois aussi les Pénitents des trois localités se rendaient en corps et tous ensemble, dans un endroit plus éloigné, à l'occasion de quelque événement religieux. On peut lire dans le manuscrit du chanoine de Banne, le récit de la fameuse procession que firent à Aubenas, en 1603, les Pénitents de Chassiers et de Largentière, à l'occasion de l'installation des Pères Jésuites dans cette ville. (Les Pénitents noirs de Vinezac n'étaient pas encore institués).

Quelques esprits forts pourront sourire des pratiques religieuses de ce temps. Il nous semble cependant qu'au point de vue de la santé morale et physique, du bonheur des populations et de la force du pays, elles présentaient singulièrement plus d'avantages que les habitudes modernes, au moins partout où le cabaret et le café tendent à annihiler la vie de famille, où la loge maçonnique prend le pas sur l'église, où le mécontentement perpétuel, résultat des théories ultra-progressistes, remplace le calme et la résignation, qui sont le fait des enseignements chrétiens.

Ces explosions du sentiment religieux coïncidaient avec la menace de nouvelles tentatives huguenotes, et en étaient la conséquence, parmi les populations profondément catholiques du Bas-Vivarais.

Le nom de *Vinezac* reparaît avec plus d'éclat dans les guerres civiles de cette période. Un capitaine, qui n'est jamais désigné que sous ce nom dans les *Commentaires du soldat du Vivarais*, et qui fut alors le bras droit du *brave Montréal*, se distingue, dès le début des troubles, en 1620, quand les protestants, maîtres de Villeneuve-de-Berg, voulant aller au secours de leurs coreligionnaires de Privas, se voient arrêtés, à leur sortie de Villeneuve, par les troupes catholiques.

L'année suivante, ce même officier participe activement aux sièges de Villeneuve-de-Berg, Vals et Vallon, ainsi qu'à la malheureuse tentative dirigée sur Barjac et au combat de la Bedoce (près d'Alais).

En 1622, il commande une partie des troupes qui contraignent un corps cévenol envoyé au secours du Pouzin, à se replier sur la Gorce. Dans un engagement avec la troupe du sieur de Mirabel, il en vient à un combat singulier avec son adversaire, comme aux temps de l'ancienne chevalerie. La lutte avait lieu entre un détachement catholique de soixante-dix hommes avec quatre chevaux, et un corps protestant de cent vingt hommes et vingt-deux chevaux, lequel s'était emparé d'un fort convoi de mulets et de bestiaux. « Les deux chefs, dit Marcha, se trouvant un peu écartés des autres, ils voulurent décider la partie eux deux seuls, et de combat général en former un duel, à quoy le sieur de Vinezac ayant convié l'autre, ils s'écartèrent bien montés, durant le temps que les autres escarmouchoient. Le sieur de Mirabel avoit sa cuirasse et le pot, et le sieur de Vinezac, la cuirasse seulement. S'étant tiré leurs pistolets, qui portèrent sur les armes, l'épée à la main, ils se donnèrent plusieurs coups, l'un desquels ayant coupé une courroie de la cuirasse du sieur de Mirabel, elle lui tomba sur le ventre, de quoi il est demeuré incommodé pour jamais. Dix ou douze de ses gens vinrent faire le holà, avec un péril évident pour M. de Vinezac, si Grandval n'y eût été en même temps avec deux pelotons pour le retirer... etc. (1) ».

Finalement, les protestants furent obligés de lâcher leur butin, et se sauvèrent en désordre vers Mirabel,

---

(1) *Commentaires*, p. 100.

après avoir eu quinze morts et un plus grand nombre de blessés.

Les troubles ayant recommencé en 1626, sur les excitations du duc de Rohan, on trouve M. de Vinezac parmi les défenseurs les plus actifs de la cause royale et catholique contre les entreprises des huguenots. Dans une lettre du 14 août 1627, il informe les consuls de Largentière qu'il vient de chez M. de Montmorency, qui lui a recommandé de donner avis aux lieux importants de faire bonne garde, car il est à craindre que les ennemis exécutent bientôt leurs mauvais desseins. « Ce commandement exprès, ajoute-t-il, et l'affection que j'ai à votre conservation, m'oblige à vous envoyer ce mot et vous supplier de ne vous négliger plus. A Villeneuve, à Viviers, et partout là-bas on a muré les portes et fait grosse garde. Les huguenots de Vals partirent hier ; ceux des Boutières et du Dauphiné vont et viennent en armes, M. de Montréal m'a encore chargé de vous dire qu'il a divers avis qu'on est sur le point d'exécuter en ce pays... »

Dans le cours de cette année 1627, M. de Vinezac s'empare du château de Saint-Alban et il est chargé de la défense de Bays que Brison n'ose pas attaquer, l'y trouvant trop formidablement établi.

En 1628, il arrive trop tard pour jeter deux cents hommes dans le fort de Bays dont s'empare Rohan.

Il fait toute la campagne contre Rohan, auprès du
duc de Montmorency, qui l'emploie dans les occasions
les plus importantes. C'est lui qui commande les
troupes postées à Saint-Germain pour couper la
retraite à l'envahisseur huguenot. Il fait successivement les sièges de Chomérac, du Pouzin et de
Mirabel et, en cette dernière circonstance, il poursuit
jusqu'aux Salelles un corps de cinq cents huguenots
qui s'était avancé pour se jeter dans la place.

Vinezac commande une partie du régiment de
Montréal et une partie de celui de Logères, lorsque
ces deux détachements forcent une maison fortifiée
de Saint-Martin près Vallon, et battent ensuite cinq
cents huguenots accourus de tous les environs pour
les surprendre au passage de la Loubière.

En 1629, il commande l'arrière-garde de l'armée du
duc de Montmorency, marchant sur Privas par la
vallée de l'Ouvèze, et il prend part à toutes les opé-
rations du régiment de Montréal pendant le siège de
cette ville (1).

* *

Or, quel est ce Vinezac, qui tient la plus belle

---

(1) Voir les *Commentaires du Soldat du Vivarais*, pages 17,
18, 32, 40, 46, 50, 51, 73, 74, 80 à 90, 97 à 101, 146 à 152, 156, 157,
175 à 177, 185, 186, 192 à 194, 197, 198, 201 à 207, 216 à 224, 234,
241 à 247, 255, 256, 283, 293.

place après M. de Montréal, dans les guerres dont Pierre Marcha nous a laissé le récit ?

M. Raymond de Gigord croit qu'il s'agit de Guillaume de Julien, fils de François et d'Hélix de Colans, ce qui n'est pas admissible, par la bonne raison que ce Guillaume n'a jamais été coseigneur de Vinezac. Son vrai titre était seigneur de Rochevive et de la Baume, et c'est lui évidemment que désigne Marcha, sous le nom de M. de Rochevive, quand il nous le représente agissant, en 1628, auprès de M. de Mirabel, pour l'engager à se soumettre au duc de Montmorency, sans attendre le siège qui se préparait, et quelques jours après, recevant dans son château de la Baume Daniel de Serres et sa famille, expulsés de Mirabel après la capitulation.

S'agirait-il de Louis de Julien, son fils ? Mais, si l'on songe que Louis était né en 1599, il est impossible d'admettre qu'il fût devenu, à 21 ans, le premier capitaine du régiment de Montréal. D'ailleurs, il ne pouvait être qualifié seigneur de Vinezac, à l'époque où avaient lieu ces événements-et où Marcha écrivit son livre, car c'est seulement en 1644 qu'il devint coseigneur du lieu par son mariage avec Marie de Charbonnel.

De tout cela il ressort clairement que le capitaine *Vinezac,* des *Commentaires,* est un Charbonnel. La chose n'a pas fait de doute pour un vieux gentilhomme du Vivarais, fort au courant des généalogies nobiliaires du pays, M. de Blou, qui vivait pendant la Révolution et sous l'empire. Nous avons eu sous les yeux un exemplaire des *Commentaires*, qui lui a appartenu, exemplaire couvert d'annotations ayant pour objet de restituer aux personnages qui figurent dans cette chronique, leur véritable nom dissimulé par Marcha sous celui de leur seigneurie. Or, tous les passages des *Commentaires* concernant Vinezac, sont mis par M. de Blou sous la rubrique de *Charbonnel de Vinezac*.

M. Henry Deydier n'a pas hésité davantage à restituer tous les exploits du capitaine *Vinezac* à Louis de Charbonnel, seigneur de Vinezac et de Chauzon, fils de Charles de Charbonnel et d'Anne de Servissas, dont nous avons déjà parlé. Aux titres qu'il tenait déjà de sa mère à la coseigneurie de Vinezac, Louis de Charbonnel en avait sans doute ajouté d'autres, en épousant, en 1610, Claudine de Chalendar de la Motte. De ce mariage naquit une fille, Marie de Charbonnel, qui épousa, en 1644, Louis de Julien, jusques là appelé le capitaine de la Baume, et fit ainsi rentrer la seigneurie de Vinezac dans la famille de Julien qui la garda jusqu'à la Révolution.

C'est aussi à Louis de Charbonnel qu'il faut restituer la participation à la révolte de Montmorency, attribuée à tort au vieux Guillaume de Julien.

Sont enfin probablement des Charbonnel les Vinezac dont parle le chanoine de Banne à propos du siège de Leucate, dont la prise (16 octobre 1637) coûta si cher aux vainqueurs : « Le sieur de Vinezac, premier capitaine du régiment de Vitry, y fut blessé. Son fils aîné, capitaine dans ledit régiment, fut aussi blessé, et le cadet, qui avait une compagnie dans ledit régiment fut tué ». Ne serait-ce pas à ces événements que Marie de Charbonnel dut d'être devenue l'unique héritière de sa famille ?

Nous ignorons si c'est à un Charbonnel ou à Louis de Julien que se rapporte le fait suivant mentionné par M. de Coston (1), comme survenu après 1636 :

« Le seigneur de Vinezac, ayant eu des démêlés avec le comte de Saint-Remèze, envoya pour second Timoléon de Vesc. Le comte fut tué, et, dans le but d'obtenir leur grâce, Timoléon et Vinezac levèrent chacun une compagnie et guerroyèrent en Allemagne pendant plusieurs années. »

Le *Dictionnaire* de la Chenaye-Desbois et d'autres recueils nobiliaires parlent longuement d'une famille de Charbonnel, barons du Velay, originaires de Charbonnel, aujourd'hui *Prost*, commune de Félines (Ardèche), descendants d'un Guy de Charbonnel, qui aurait fait prisonnier, aux croisades, un général

---

(1) *Histoire de Montélimar*, III, 156.

turc et, par suite, aurait résolu de porter pour armes : *d'azur, au croissant d'argent, accompagné de trois molettes d'or.* Plusieurs de ces Charbonnel commandèrent la place de Serrières, et rendaient hommage, en cette qualité, au baron de Tournon, seigneur du lieu. L'un d'eux, Jean de Charbonnel, un des plus grands capitaines de son siècle, dit la Notice de la Chenaye-Desbois, se joignit à Pierre de Brézé, grand sénéchal de Normandie, pour faire une descente en Angleterre. Cette famille, qui possédait les seigneuries de Bets et Verne dans le Velay, paraît avoir abandonné le Vivarais depuis le XVe siècle. C'est à elle qu'appartenaient un Charbonnel, fusillé pendant la Révolution avec le marquis de Surville, et Mgr de Charbonnel, évêque de Toronto, dans le Canada, mort en 1891 ; ce prélat avait été élevé au collège d'Annonay avec le cardinal Donnet. Du Solier mentionne aussi une ancienne famille noble de Charbonnel, établie à Cheminas.

Les Charbonnel de Chauzon étaient-ils une branche des Charbonnel du haut Vivarais ? La proximité des lieux rend la chose assez vraisemblable, mais nous n'en avons pas jusqu'ici trouvé la preuve, et nous devons ajouter que leurs armes sont complètement différentes.

Nous ne saurions dire aussi à quelle famille appartenait Hugues Charbonnel, gendre de noble Raymond de Vals, qui figure dans une reconnaissance faite au baron de la Roche en Rénier en 1306.

Les données authentiques que nous possédons sur les Charbonnel de Chauzon et de Vinezac se réduisent aux suivantes :

Noble Pierre Charbonnel de Chauzon, figure dans des actes de notaires d'Aubenas de 1429, et (son fils sans doute) de 1496. On trouve aussi noble Antoine Charbonnel en 1493.

En 1573, François de Charbonnel, gouverneur de Largentière, défendit vaillamment cette ville contre des bandes de huguenots venues du côté d'Aubenas.

Trois ans après, un Louis de Charbonnel figure dans la réunion des notabilités catholiques et protestantes, tenue à Largentiere, pour négocier une trève entre les deux partis.

En 1612, année où fut fondée la confrérie des Pénitents noirs, sous le vocable de Saint-Sébastien, c'est messire Louis de Charbonnel, le futur capitaine du régiment de Montréal, qui est élu premier recteur de la confrérie. Quelques jours auparavant, son père, noble Claude de Charbonnel, était allé, à la tête d'une députation, soumettre à l'approbation de l'évêque Jean de l'Hôtel les statuts de l'association.

En 1629, noble Charles de Charbonnel, seigneur de Chauzon, donne à la confrérie vingt livres, à la charge de dire tous les ans vingt responsoires à son intention, et Louis de Charbonnel, en 1636, lui lègue pareille somme dans les mêmes conditions.

En 1633, on trouve reçus parmi les Pénitents noirs, noble Claude de Charbonnel et noble Charles de Charbonnel, qualifiés tous deux seigneurs de Chauzon et de Merzelet.

En 1683, César de Charbonnel remet à la confrérie des Pénitents noirs trente livres pour faire prier pour l'âme de Louis de Charbonnel, son fils. César de Charbonnel mourut le 25 avril 1695.

La maison ou château des Charbonnel est celle qu'occupent actuellement les sœurs derrière l'église. De temps immémorial, les curés de Vinezac jouissent de deux pièces de terre, contigües à l'église, données par les Charbonnel. Voici à cet égard la note d'un ancien curé de l'endroit : « L'acte de donation n'est pas dans les papiers de l'église et se trouve dans les papiers du château, mais M. le comte de Vinezac nous a souvent dit qu'il nous le remettrait la première fois qu'il lui tomberait sous la main ». Il est à noter que les papiers du château furent brûlés, sous la Révolution, *au champ de Chalendar*, c'est-à-dire sur le terrain planté de mûriers, qui est séparé du château et de la muraille orientale des anciennes fortifications, par la principale place du village.

La plupart de ces indications ont été puisées dans les archives de la cure ou de la mairie de Vinezac.

On pourrait y en trouver d'autres, bien que les anciens registres paroissiaux de Vinezac, recueillis à la mairie, ne remontent qu'à l'année 1669.

Notons, comme un bon exemple à suivre dans toutes les communes, qu'un secrétaire intelligent les a enrichis d'une table alphabétique de tous les noms de familles. Nous y avons relevé, de 1672 à 1674, trois actes de mariage et cinq actes de baptême où des Charbonnel ont signé comme témoins.

Avant de parler de Louis de Julien, qui succéda aux Charbonnel dans la seigneurie de Vinezac, et de ses descendants, les derniers seigneurs de Vinezac, il nous reste à raconter tout ce qui concerne le passage des Chalendar de la Motte dans cette seigneurie.

*
* *

Ce sont les Chalendar qui avaient été, avant les Charbonnel, les seigneurs dominants du lieu, depuis l'acquisition, faite par Guigon de Chalendar, en 1488, du « bloc de la place de Vinezac, château, juridiction, etc.»

Les Chalendar gardèrent cette situation pendant tout le XVIe siècle.

Le testament d'Aymes (*Aymé* ou même *Aymedée*), fils de Guigon, désigne pour héritier son fils Guillaume, avec les substitutions d'usage. Aymes et Guillaume furent successivement procureurs ou syndics des Etats du Vivarais (1534 à 1566).

A Guillaume succéda, vers 1570, Pierre de Chalendar, le premier de la famille qui prit le nom de la Motte, de son château et fief de Chassiers.

Le 3 octobre 1594, Pierre de la Motte de Chalendar, au nom de Guillaume, son père, qui résidait probablement à Chassiers, autorise Antoine de la Motte, prieur de Sablières, son oncle, à habiter le château de Vinezac.

Pierre eut quatre enfants, savoir :

Catherine, mariée à M. de Hautvillar,

Antoine, prêtre,

Jacqueline, religieuse à la Villedieu,

Claudine, mariée à Louis de Charbonnel.

Par suite de l'entrée d'Antoine dans l'état ecclésiastique, la branche aînée des Chalendar tombait en quenouille, et le fidéi-commis, résultant du testament d'Aymes, passait aux descendants mâles de Jean, second fils de Guillaume, devenu seigneur d'Uzer par son mariage avec Jeanne de la Baume. De là une rivalité inévitable entre les seigneurs d'Uzer et de Vinezac, et peut-être cette situation déjà prévue en 1582 ne fut-elle pas étrangère aux difficultés du moment. Notons toutefois que le procès d'alors pouvait avoir pour objet certains terroirs (le Sault, la Rochette, Mortemeric et Lestrade), sur lesquels le seigneur d'Uzer prétendait avoir une juridiction, que lui contestaient les seigneurs de Vinezac.

Les deux pièces principales de la succession d'Aymes étaient le fief et le château de la Motte à Chassiers, et les château et seigneurie de Vinezac, qui, en vertu du testament d'Aymes, devaient appartenir à l'héritier universel et ne jamais être séparées. Or, dans les anciennes familles nobles, l'aîné était chargé de payer la dot de ses sœurs, et ses affaires ne s'arrangeaient tant bien que mal, qu'au moyen de la dot que lui apportait sa propre femme. Mais, avec un frère prêtre, on ne pouvait compter sur une pareille ressource, et l'on comprend que les sœurs d'Antoine aient eu à résoudre le problème autrement — aucun des enfants de Pierre, d'ailleurs, ne pouvant envisager avec plaisir la substitution dont ils étaient menacés par la branche des seigneurs d'Uzer.

En conséquence, l'aînée des filles, Catherine, mariée à M. de Hautvillar, et donataire de son frère Antoine, céda ses droits, par transaction de 1620 et 1625, à Charbonnel, le mari de sa sœur Claude, moyennant dix-huit mille livres, et bailla pour partie d'iceux et en déduction de la dite somme, pour dix mille livres, toute la part de ses prédécesseurs sur la seigneurie de Vinezac. Elle céda aussi ses droits sur la Motte et les biens de Chassiers à Rivière, de Largentière, juge à Joyeuse, qui avait épousé Françoise de la Motte.

Naturellement, les héritiers de la branche substituée

protestèrent contre ces actes, comme ayant été faits en violation du testament d'Aymes ; ils revendiquèrent pour eux la substitution, dont Antoine, vu sa qualité de prêtre, n'était pas, disaient-ils, capable en droit et soutinrent que sa donation à Catherine n'était pas valable.

Catherine et son beau-frère Charbonnel, qui avait pris possession du château de Vinezac, répliquaient que tout cela avait été fait « pour causes nécessaires et en payement de droits préférables au fidéi-commis d'Aymes, comme légitimes constitutions et autres sommes privilégiées, et que, la liquidation en ayant été faite une fois, elles n'étaient pas sujettes, non plus que les légitimes des enfants, à de nouveaux calculs, à cause des longueurs et incertitudes de l'échéance des substitutions à ceux qu'ils appartiendraient, qu'il y avait de grandes détractions à faire et que, jusqu'à ce qu'il y fut procédé dans les formes ordinaires, Charbonnel devait être maintenu dans sa possession de Vinezac. »

Il y eut là-dessus une longue série de procès.

Annet de la Motte, syndic des Etats du Languedoc, représentant la branche substituée, somma Rivière de lui remettre le château de la Motte, au même prix qu'il l'avait payé, soit six mille quatre cents livres, et celui-ci y consentit en 1635, moyennant un supplément de trois cent quatre-vingt-huit livres pour les réparations qu'il y avait faites. Une transaction intervint en 1638 entre Annet et les Hautvillar.

Mais, au sujet de Vinezac, où les de Julien, héritiers des Charbonnel, étaient installés, l'affaire paraît avoir été toujours réduite à une demande d'indemnité, sans qu'il fut question de la restitution de la seigneurie elle-même. Il y eut en 1658, un arrêt du Parlement de Toulouse, qui, d'après les notes d'Annet, aurait été plutôt favorable à sa cause. La mort d'Antoine de Chalendar en 1650 vint encore modifier la situation. Annet, se trouvant réellement substitué, remit ses droits par anticipation à son fils François. Après une sentence arbitrale en 1678, qui resta sans effet, la veuve de François intenta un nouveau procès, pour la revendication de Vinezac, aux d'Apchier, héritiers des Hautvillar, demandant l'ouverture de la substitution en sa faveur. Le 2 août, un arrêt contradictoire lui donna raison sur ce point et la maintint en tous les points délaissés par Aymes, sauf les distractions et imputations telles que de droit, condamnant le sieur de Vinezac à la restitution des fruits depuis novembre 1680, époque de son assignation.

Un autre arrêt, en date de 1698, spécifia les biens qui devaient entrer dans le fidéi-commis. On y voit que les biens d'Aymes de la Motte y sont évalués à vingt-cinq mille trois cents livres (dont onze mille la Motte et Chassiers, quatorze mille Vinezac et

Merzelet, et trois cents les cabaux). Les distractions étaient calculées à dix mille.

Il devait donc rester quinze mille pour le substitué qui, cependant, d'après les expertises, n'en jouissait que onze mille représentés. par les biens de Chassiers. Il réclamait par suite à Julien de Vinezac quatre mille livres plus les intérêts. Les parties, pour éviter de grands frais, procédèrent à un arbitrage. Une réunion eut lieu à Largentière, mais on ne s'accorda guère. Il fallut expertiser, « et on ne put expertiser Vinezac, M. de Vinezac ayant refusé toutes les pièces. L'avocat des d'Apchier soutint que la substitution revenait à sa cliente. On se sépara sans avoir fait grand chose. »

Nous ignorons la suite de l'affaire. On voit qu'elle se réduisait à une différence de quatre mille livres, que Julien de Vinezac eut peut-être à payer à la Motte sur la valeur des biens dont il jouissait. Quant à reprendre Vinezac, en remboursant les Julien, Annet de la Motte ou ses héritiers ne pouvaient pas y songer, à cause des revers de fortune qu'ils avaient éprouvés — ce qui résulte, avec la dernière évidence, du livre de raison d'Annet : dans son testament en date de 1684, ce personnage recommande qu'on lui fasse des funérailles très simples, à cause du mauvais état de ses affaires.

Parmi les familles nobles des environs qui possédaient des biens à Vinezac, il faut citer celle de la

Vernade, seigneurs de Laurac et du Blat (fief de Sanilhac) ; ses principales propriétés étaient du côté de Merzelet, et de là le nom de Croix de la Vernade, qui est resté au hameau situé à la jonction de la route de Vinezac avec celle de la Chapelle à Largentière. Cette famille qui faisait sa résidence habituelle dans son chateau de Chassiers, s'est éteinte vers le milieu du XVIIe siècle (1). Nous en parlerons plus longuement dans la Notice sur Chassiers.

---

(1) Voir notre *Notice su*~ *Laurac et Montréal*, p. 74

Venant expliquer la cause de la liquéfaction
Saunders ; ses principales propriétés éléments du
côte du Mexique, et de la réunion de Conseil de la
Verarde, qu'elle est la base de l'effet et l'application
le sort de Wher........ de la .... de l'action
Impeniale ....
de l'eau

IV

LE CHATEAU ET L'EGLISE

Le village. — Le donjon. — Le *Café des Saisons*. — L'inscription d'un prisonnier. — L'église. — Sa visite par le chanoine Monge en 1676. — Le clocher. — Les bas-reliefs du jardin de la cure. — La musique des *couornés*.

Le village de Vinezac est un de ceux qui ont le mieux conservé le cachet d'une autre époque. L'enceinte fortifiée existe presque intégralement, et l'on se croirait dans un bourg du moyen âge, quand on erre dans le dédale de ses rues étroites, souvent transformées en corridors obscurs par les maisons qui les recouvrent. On y remarque un puits du XVe siècle très original. Il y avait trois portes, l'une au château, l'autre près de la maison Charbonnel, toutes deux à l'Est, et une à l'Ouest, d'où partait le chemin de Largentière.

Le château de Vinezac présente, comme la plupart

des vieilles constructions féodales, la marque de plusieurs époques.

La partie ancienne, qui appartient à la famille Dupuy, renferme le donjon dont les murs ont deux mètres et demi d'épaisseur. L'entrée est au fond d'une petite cour creusée dans le roc. La porte s'ouvre sur une étable à porcs, d'où part un escalier en spirale qui desservait l'antique manoir, dont quelques restes sont encore habités, et où l'on jouit, à défaut de confort seigneurial, d'un panorama à perte de vue / sur les cantons de Largentière, Joyeuse, les Vans et Vallon. Quant au donjon lui-même, les révolutions lui ont coupé la tête comme à ses maîtres. Ce donjon était évidemment au début une des forteresses destinées à protéger les mines de Largentière, comme celles de Tauriers, Chassiers et Montréal, dont la structure est analogue, et l'on peut se faire une idée de son antiquité en songeant aux démêlés dont ces mines furent l'objet au XIIᵉ siècle. Notons encore qu'une délibération municipale de Largentière vers 1780 mentionne une tradition d'après laquelle Largentière aurait subi un siège du temps de Charlemagne.

Le château moderne, accolé à l'ancien du côté du levant, est divisé entre M. Bastide et M. Durand. Une partie est plus ou moins ruinée et abandonnée. La mairie et l'école des Frères sont installées au premier étage qui appartient à M. Bastide. Le rez-de-chaussée, dont le propriétaire est M. Durand, est occupé par un café, et ce café est certainement, de tous ceux de l'Ardèche, celui qui présente le plus d'intérêt artistique. Il est établi, en effet, dans l'ancien salon du seigneur, et les bas reliefs en plâtre qui le décorent, suffiraient à prouver à la fois la fortune et le goût de ses anciens maîtres. Quatre cariatides à gaîne par le bas, représentant les quatre saisons (d'où le nom de *Café des saisons* pris par l'établissement) soutiennent, dans la grande salle, les retombées de la voûte. Au dessus du trumeau, entre les deux fenêtres, se dessinent deux petits amours sur une délicate guirlande de jasmins, et en regard, sur la muraille opposée, apparaissent, enveloppés dans une guirlande de roses, deux danseurs tenant chacun un tambour de basque à la main. Le dessin des portes, qui sont au nombre de trois, est orné de joueurs de viole, de cornemuse, de flûte et de guitare. Sur la cheminée, au-dessus d'un écusson, surmonté d'une couronne de marquis (les seigneurs de Vinezac portaient en dernier lieu ce titre), se détache le génie de l'amour tenant un flambeau à la main. »

La pièce voisine, qui devait être le boudoir de la châtelaine n'est pas moins artistement décorée. On y voit le génie de l'amour, le beau Narcisse, cueillant la fleur qui porte son nom, enfin deux figures de la Folie, l'une avec son tambour de basque et l'autre avec sa marotte.

M. de Valgorge, à qui nous avons emprunté une partie de cette description, voit dans ces décorations l'œuvre d'un artiste de premier ordre. La grande salle lui a rappelé un des boudoirs du vieux palais de Chantilly. « même La décoration, dit-il, s'y trouve à peu de différence près, reproduite en peinture sur les murs et les plafonds, avec ce même mélange d'idées gracieuses et burlesques (1).

Ce château était celui des Julien (après les Charbonnel et les Chalendar), et la partie moderne paraît être l'œuvre des Julien.

Nous trouvons, dans une vieille note, mention de la suscription suivante relevée dans la tour ronde du château de Vinezac, qui jadis, dit-on, servait de prison seigneuriale :

Perbos mis en prison pour avoir espousé uno famo an boun mariage, l'an 1648 le dize set ottobro.

Quel était ce Perbost ? Pourquoi avait-il été emprisonné pour avoir épousé une femme en légitime mariage ? La tradition est muette sur ce point. S'agit-il d'un mariage au Désert, ou bien simplement d'une union clandestine contractée malgré l'opposition des parents ? Encore une de ces petites charades historiques qui nous cachent peut-être un trait

---

(1) *Souvenirs de l'Ardèche*, II, 358.

intéressant des mœurs du temps, mais dont il sera sans doute difficile d'avoir le fin mot.

★
★ ★

L'église, remarquable par son joli petit dôme et par quelques détails intérieurs, est une vieille construction romane où apparaît la naissance du style ogival. Les fenêtres du chœur sont à plein cintre. Il n'y avait qu'une nef d'heureuses proportions qu'on a transformée, dans un but d'agrandissement, en un carré informe, par l'adjonction des collatéraux. Ovide de Valgorge en fait la description suivante qui se rapporte à son état antérieur :

« Elle est à une seule nef avec transepts, surmontée d'une coupole octogone complétée par une lanterne de même forme, mais non pas de même dimension, et terminée par une abside demi-circulaire entrecoupée de colonnes isolées, au-dessus desquelles s'arrondit, portée sur des arceaux à cintre plein, une voûte sphérique ou en cul de four. L'abside est encadrée par deux pilastres reliés entre eux sur le devant par un enroulement à boudin. En regard, se dressent, encadrant le transepts et le restant de la nef, des colonnes engagées, à chapiteaux feuillés et à figures d'animaux fantastiques, soutenant des voûtes légèrement et insensiblement cintrées en ogive. Il reste encore en entier, formant la première arcade à droite de la nef principale, la porte latérale qui donnait accès dans cette église. Elle se compose de deux colonnes romanes, à chapiteaux ciselés sous forme de têtes d'ange et couronnés par un enroulement à boudin pareil mais plus léger que celui qui court sur le devant de l'abside ».

Voici le procès-verbal de la visite de cette église en 1676 :

Le 7ᵉ de février de l'année 1676, nous dit prêtre et commissaire, sommes partis d'Aillou pour aller visiter l'église paroissiale de Vinezac, où, étant arrivés avant midi, après avoir fait les prières et suffrages accoutumés, nous avons visité ladite église et paroisse, que nous avons trouvée comme s'ensuit :

L'église est dédiée à Notre-Dame, située au milieu du lieu, consistant en une nef de six pas de large et douze de long, le presbytère (chœur), deux chapelles jointes du côté de l'Epitre qui forment une espèce d'aile, et une tribune de pierre, à deux ailes de bois, pour l'usage des Pénitents, qui font construire une chapelle joignant l'église, qui servira d'aile du côté de l'Evangile, et dont les murailles à présent sont élevées jusqu'à la naissance de la voûte ; ladite chapelle avance jusqu'à côté du presbytère et à seize pas de longueur et six de largeur.

Le presbytère (chœur) est bien pavé, blanchi et couvert de lauses. Il est séparé de la nef par une petite muraille basse, qui sert de table pour la communion, relevée sur le plan de la nef d'un degré et avancée jusques au milieu du dôme sur lequel est le clocher. La fenêtre du côté de l'Epitre est vitrée, mais elle est sans grille. L'autel est de pierre, relevé sur deux degrés de même bien propres, et un marchepied de bois. Il y a un autelet, un devant d'hôtel de ligature, une corniche de noyer, trois nappes, des gradins de bois peint, huit chandeliers de laiton, dont il y en a quatre à la séculière moderne, un tableau de Notre-Dame avec son cadre ; il n'y avait point de dais. Le tabernacle est de bois, sans niche, sans pavillon et sans garniture en dedans. Le Saint-Sacrement y repose. La lampe brûle à communs frais du chapitre et de la paroisse.

La sacristie est derrière l'autel. Il y a un garde-robe bas pour tenir les ornements qui sont : un calice d'argent doré en dedans, un ciboire d'argent aussi doré en dedans et un soleil d'argent, au croissant doré, sur un pied de cuivre blanchi ; six chasubles : la première, de brocard, donnée par Mlle de Chabert avec le voile, la bourse, un corporal, une palle et deux carreaux ; la deuxième, de ligature rouge, à petites fleurs blanches ; la troisième, de ligature blanche, à petites fleurs rouges et vertes ; la quatrième, de ligature, à bandes de raies rouges et vertes ; la cinquième, de gros camelot noir avec une grande croix blanche, une bourse et un voile ; la sixième, de camelot blanc gauffré aussi avec sa bourse ; deux chapes, l'une de ligature blanche, à fleurs rouges et vertes dont l'envers sert pour les morts ; l'autre est de damas cafard blanc ; plusieurs corporaux, palles, purificatoires et voiles des couleurs de l'église ; trois aubes assez usées, deux nappes usées, deux missels in-folio, deux livres de chant, rouge et noir, grand in-folio ; une croix processionnelle de laiton sans navette, un bénitier de bronze et une clochette.

La confrérie du Saint-Sacrement, avec les Pénitents noirs, établis en ladite paroisse en l'honneur de Saint-Sébastien depuis 1615, a quatre fanaux, une bannière de taffetas rouge, un dais de ligature et une chasuble avec des dalmatiques de serge rouge doublée d'une étoffe noire pour les morts.

La nef est pavée, blanchie, voûtée et couverte de tuiles ; les fenêtres ne sont point grillées, mais bien vitrées, excepté celle qui est au-dessus de la petite porte et celle de la tribune dont la vitre est cassée. Les fonts baptismaux sont au fond de l'église avec des chrémières en bon état. La chaire est de pierre, elle est rompue. Le confessionnal ne vaut rien. Le clocher est une tour carrée sur le dôme ; il y a deux cloches à la paroisse, et une troisième aux Pénitents. Le cimetière est bien fermé mais les trappes sont mal tenues ; la maison du sieur Audoyer, curé, y a sa montée.

La première chapelle, en entrant, à droite, appelée ancienne_ ment la chapelle de Saint-Restitut, était sans fondations et sans service lors de la visite de 1634, dans le verbal de laquelle il est dit qu'elle appartenait à la paroisse et qu'on y avait dressé depuis peu un autel qui serait pour les Pénitents ; et, dans la visite de 1659, il est porté qu'on a changé le vocabie et qu'elle est à présent la chapelle du Rosaire, à laquelle le sieur Coste, médecin, demeurant à Saint-Deydier dans le Velay, ayant donné un tableau et un devant d'autel de toile peinte, et fait une fondation de trois livres de revenu pour dire douze messes chaque année, en prétendait le patronat : à quoi les habitants avaient formé opposition. disant qu'elle appartenait à la communauté ; touchant laquelle, monseigneur ordonna que ledit Coste médecin la doterait plus amplement et la meublerait des ornements nécessaires dans trois mois lors prochains, à faute de quoi, il serait déchu de tout le droit qu'il pourrait prétendre, et que le patronat de ladite chapelle serait donné à celui qui voudrait la doter et l'orner.

La seconde chapelle est du même côté de l'Épitre, la plus près du grand autel ; elle est en bon état et l'autel décemment orné ; elle appartient au seigneur dudit Vinezac ; ledit sieur Audoyer, curé, en est recteur ; il est dit, dans le verbal de la visite de 1659, qu'il y a une messe la semaine, et dans celui de 1634, il est porté qu'il y en avait deux. Le revenu consiste en bien de terre noble.

La paroisse est toute catholique, composée de quatre-vingt-neuf feux ; le nombre des communiants est d'environ 300.

Le prieuré est annexé au chapitre de l'église cathédrale, qui prend la dîme de toute la paroisse au treizain de tous grains ; du vin au tonneau, dans les hameaux et granges et, pour ceux du lieu, en raisins portés à la cuve ; des agneaux, de quatre, la moitié d'un ; de huit, un entier ; de dix-sept, un et demi, et de vingt-un, deux ; et des petits pourceaux, un de chaque ventrée. Le domaine est noble et consiste en un pré complanté de mûriers, une vigne et un jardin.

La cure est possédée depuis trente-un ans par ledit sieur Antoine Audoyer, prêtre du diocèse, pourvu sur la nomination du chapitre. Lors de la visite de 1634, le curé s'étant plaint à Monseigneur de ce que ni son domaine ni la quantité de grains que le chapitre donnait pour sa congrue portion, ne suffisaient pour son entretien, mondit seigneur lui adjugea deux cents livres de congrue franche et quitte de toutes charges, en abandonnant tout le restant, mais, depuis, le chapitre et le curé ont fait une nouvelle convention. La maison curiale est près le cimetière ; elle est mal en état, et le sieur Audoyer en a une à son propre, à laquelle est jointe, par transaction, une chambre qui est au chapitre. Il y a quelques vingt-une livres de pieux légats, desquels le sieur curé jouit comme étant le seul prêtre dans la paroisse.

Quelques-uns des habitants nous ont donné plainte de ce que les Pénitents, ayant obtenu de Monseigneur, dans sa visite de 1659, permission de bâtir une chapelle de la longueur et joignant la nef, en y faisant deux arcs semblables à ceux qui sont vis-à-vis de l'autre côté, aux chapelles de N.-D. du Rosaire et de Saint-Jean, et ayant ensuite commencé à bâtir ladite chapelle, sous prétexte de faire lesdits arcs, ils ont depuis bien longtemps percé la muraille de la nef, qui, par ce moyen, est toute ouverte ; le peuple en souffre et l'église est exposée. C'est pourquoi ils nous ont requis d'enjoindre aux Pénitents d'achever la bâtisse de ladite chapelle, dans un bref délai, ou de refermer les ouvertures qu'ils ont faites à la nef.

Et tel est l'état où nous avons trouvé ladite église de Vinezac, sur lequel nous avons fait l'ordonnance qui suit :

Nous dit prêtre et commissaire, pour les causes qui résultent de notre verbal de visite en ladite église de Notre-Dame de Vinezac, avons ordonné que dans six mois le syndic du chapitre de l'Eglise cathédrale de Viviers, prieur dudit Vinezac, fournira ladite église d'un tabernacle doré, garni en dedans de taffetas ou d'autre étoffe de soie, de deux nappes neuves pour l'autel, de la longueur convenable, pour en couvrir le dessus et les côtés, d'une chasuble violette de camelot, avec son étole, manipule, bourse et voile de taffetas, d'une petite boîte d'argent pour porter le Saint-Viatique à la campagne, et d'une navette de laiton, avec sa cuillère de même, pour assortir l'encensoir ; fera mettre un dais sur l'autel et fera griller de fer et treillisser de fil d'archal la fenêtre du presbytère.

Et, quant aux paroissiens, nous avons ordonné que, dans pareil délai de six mois, ils feront griller de fer et treillisser de fil d'archal les fenêtres de la nef et de la Chapelle du Rosaire, feront faire un confessionnal et une chaire décente et tiendront le cimetière en tel état que le bétail n'y puisse point entrer.

Et, afin qu'on ne gâte point le pavé de ladite église ni des chapelles, nous y avons interdit toute sépulture, ailleurs que dans les tombes voûtées ou bâties en carré, pour porter ou soutenir les bars. Et avons enjoint aux Pénitents de faire achever leur chapelle dans six mois, ou de fermer à chaux et à sable les ouvertures qu'ils ont faites à la nef. Et avons ordonné que, dans le même délai de six mois, ils feront vitrer à vitres mouvantes, griller de fer et treillisser de fil d'archal les fenêtres de leur chapelle, et que le patron de la chapelle de Saint-Jean fera aussi griller et vitrer la sienne, afin que l'église puisse être en sûreté.

Et pour l'exécution de notre précédente ordonnance, nous avons commis le sieur Cellier, curé de Chassiers, lui permettant, si besoin est, de recourir au bras séculier pour être pourvu de saisie convenable.

Donnné audit lieu de Vinezac, le 7 février 1676.

Le clocher de Vinezac, participe, comme l'église, aux deux styles de l'architecture du moyen-âge, roman dans son ensemble et gothique dans les gargouilles à forme bizarre qui émergent de ses deux angles de l'ouest. La largeur de l'étage des sonneries fait supposer qu'il était destiné à supporter un second étage que les circonstances auraient empêché de construire.

Dans le jardin de la cure, contigu à l'église, on remarque un bas-relief de soixante-dix centimètres de long sur quarante de large, représentant une cariatide avec les deux bras en l'air, entre deux lions mutilés. La pierre retournée faisait partie du pavé de l'église.

Un registre du notaire Rivière, de Largentière, concerne l'arrentement de la cure de Vinezac en date du 7 février 1555. Le curé Antoine Silve arrente sa cure (fruits, émoluments, offrandes et tous autres revenus) à noble et vénérable homme messire Claude Montel, pour trois ans et trois récoltes, au prix de cinquante livres par an.

Voici le texte de la réponse envoyée par le curé de Vinezac, en 1789, au questionnaire des auteurs de l'*Histoire de Languedoc* :

1. Le lieu, où est situé l'église paroissiale, est en latin *Vinesacum* et en français Vinezac.

2. Ce lieu est un village assez bien situé, mais fort laid en dedans.

3. Le titre est l'Immaculée Conception de la très Sainte-Vierge.

4. Le nom du diocèse est celui de Viviers, et celui du doyenné ou officialité est celui de l'Argentière.

5. L'évêque diocésain est le collateur de la cure de cette paroisse.

6. Il n'y a dans cette paroisse aucune sorte de bénéfice ; celui de la paroisse appartient au chapitre de Viviers.

7. Il y a cent six feux en cette paroisse.

8. La justice est celle du seigneur du lieu, dont la paroisse relève immédiatement.

9. Le siège de cette justice est à Vinezac même.

10. Vianès, Auverges, Merzelet, Chaudebry, Chanclaux et Les Granges sont des hameaux et métairies isolés.

11. La famille de Chalendar de Lambras est la seule qui ait domaine en cette paroisse, et elle réside à Chassiers. Le seigneur du lieu, comte de Vinezac, y a de plus ses domaines.

12. Il n'y a en cette paroisse aucune sorte de singularité remarquable.

Ses productions sont un peu de vin, un peu d'huile, un peu de blé, un peu de feuilles de mûrier, et à l'extrémité de la paroisse, il y a quelque chataîgniers.

Cette paroisse n'a d'ailleurs aucun fait remarquable ni rien de digne d'être mis par écrit en fait d'antique ou de moderne.

Tout y est au plus simple, et le peuple qui l'habite n'a d'autres ressources que les fruits de ses travaux. Ils leur manquent souvent par la grêle ; cette paroisse se trouve sujette à ce fléau.

La paroisse de Vinezac, formant une communauté, a son consul qui porte le nom de consul de Vinezac.

Il dépend, dans l'ordre économique du diocèse de Viviers ; il paie en cette ville toutes ses impositions.

Le nom de la mande est Vinezac.

Il appartient à la généralité de Montpellier.

Il n'y a qu'un consul dont les fonctions sont de veiller à la police, faire afficher les mandes et les proposer aux délibérations.

L'exercice du consul ne dure qu'un an. Son élection se fait par le corps de la communauté assemblée au son de la cloche pour délibérer et le nommer.

Ils n'entrent pas à l'Assiette, et ils n'ont aucun rang dans leur quartier ; du moins ne le voit-on pas.

Cette communauté, qui a sa propre administration, rapporte en son temps à l'administration générale.

A Vinezac, le 5ᵉ décembre de l'année 1759.

Signé : LAURAC, curé.

Il existait à l'église de Vinezac un usage curieux qui a pris fin seulement en 1876.

Le jeudi saint, à l'office des ténèbres, tous les gamins avaient soin de se rendre à l'église munis d'un *couorné* : c'est une sorte de sifflet fabriqué avec l'écorce de saule enroulée sur elle-même, produisant un son aigu qui peut s'entendre à une grande distance. Quand l'office des Pénitents était sur le point de finir, chaque enfant tirait son couorné de sa poche et attendait, haletant, que le dernier cierge de l'autel fût éteint. A ce moment éclatait un vacarme sans pareil. Les Pénitents frappaient à coups redoublés sur leurs pupitres du revers de leurs livres, et les enfants soufflaient dans leur couorné de toute la force de leurs poumons. C'était un vacarme étourdissant ayant pour objet de rappeler ce qui passa sur le calvaire à la mort de J.-C. quand la terre trembla et que les morts ressuscitèrent.

Le curé de la paroisse, après quelques instants de tumulte, faisait un signe pour imposer silence, et alors peu à peu le bruit cessait. Mais quelquefois il était obligé de se fâcher, car une fois que les enfants avaient leur petite trompette à la bouche, ils ne lâchaient pas prise facilement, tant ils trouvaient cette musique agréable.

C'est le feu curé M. Riou, qui a aboli ce vieil usage à cause des abus auxquels il donnait lieu, c'est à-dire des manifestations intempestives et prolongées des jeunes musiciens.

Voici la liste des curés et vicaires de la paroisse de Vinezac, depuis 1612 :

CURÉS

1 Claude de la Motte, 1612-1625 ;
2 Chassure, 1625 ;

3 Louis Balazun, 1656 ;

4 Mazangos, 1659 ;

5 Sauzet, 1661 ;

6 Antoine Audoyer, 1664 ;

7 Mollier, 1681-1692 :

8 Sauzet, 1692 (déc.) 1709.

9 Troupel, 1709-1710 (4 avril) ;

10 Duclaux, 1710 (4 avril) 1710 (août) ;

11 Borely, 1710 (24 août) 1710 (octobre) ;

12 Cother, 1710 (9 octobre) ;

13 Denis de Sauzet, 1711-1749 (décembre) ;

14 Laurac, 1750-1781 (7 janvier) ;

15 Jacques Marie Tardieu Charrière, 1882-1793 (juin);

16 Alexis Constantin Béraud, 1792 (7 nov.) 1793 (juin);

17 Jac. Marie Tardieu Charrière, 1795-1810 (mort le 22 février) ;

18 Soulerin, 1810 (9 janvier) 1822 (mort le 7 nov.) ;

19 Maurin, 1822 (9 novembre) 1823 (février) ;

20 Hugon, 1823 (20 février) 1827 (13 décembre) ;

21 Chambouleyron, 1828 (3 janv.) 1828 (23 sept.) ;

22 Auzas, 1828 (6 oct.) 1832 (17 sept./ ;

23 Joseph Reynaud, 1832 /15 nov.) 1867 (mort le 7 septembre);

24 Lucien Fabre, 1867 (19 sept.) 1877 (24 déc.) ;

25 Jean Pierre Riou, 1878 (1ᵉʳ janv.) août 1896 ;

26 Monnier, 1896.

VICAIRES

1 Nogier, 1742 (15 avril) 1749 (8 juin) ;
2 Lavernade, 1749-1750 ;
3 Payan, 1752 (8 nov.) 1765 ;
4 Chabaud, 1765-1767 ;
5 Debannes, 1769-1775 (15 oct.) ;
6 Antoine Vernet, 1775 (7 nov.) 1776 ;
7 Mouraret, 1776 (10 sept.) 1779 (22 juin) ;
8 Tuffier, 1779 (18 juil.) 1780 (fév.) ;
9 Claude Roche, 1779 (19 oct) 1782 (7 fév.) ;
10 Blanc, 1782 (25 fév.) 1785 (10 avril);
11 Soulerin, 1788 (28 janvier) 1792 (20 octobre) ;
12 Soulerin, 1795-1805 (le même) ;
13 Mazon, 1805-1806 ;
14 Prat, 1807-1808 ;
15 Soulerin, 1808-1810 ;
16 Victorin Neyrand, 1867 (30 juin) (4 octobre) ;
17 Emile Arsac, 1876 (20 juin) 1878 (10 juillet) :
18 Emile Arifon, 1878 (1er septembre) 1880 (15 mai);
19 Henri Roussel, 1881 (19 janvier (1888 (24 déc.) ;
20 Régis Arcis, 1889 (août) 1892 (26 octobre).

V

LES

DERNIERS SEIGNEURS DE VINEZAC

Autres notes sur les Julien. — Leurs revenus à la fin du XVII siècle. — Ils sont maintenus dans leur noblesse en 1669. — Le brigadier de Julien, vainqueur des Camisards. — Vérification des preuves de noblesse des Julien de Vinezac en 1764. — Les deux branches de Julien au siècle dernier. — L'aîné de la branche cadette exécuté à Lyon. — Les réclamations de sa veuve. — Les souvenirs d'enfance de Léon Vedel sur le chevalier de Vinezac. — Les derniers représentants des Julien par les femmes.

Quelques notes rétrospectives sur la famille de Julien sont ici nécessaires.

On a vu, dans un des précédents chapitres, que la famille de Julien s'était répandue à Aubenas, Largentière, Vinezac et ailleurs, mais qu'elle était originaire de la région de Mirabel. Aussi est-ce là que nous retrouvons aux XVᵉ et XVIᵉ siècles, les prédécesseurs des nouveaux seigneurs de Vinezac.

En 1450, noble Pierre Julien, de Mirabel, est témoin dans un acte du notaire Rochette, d'Aubenas.

Le 16 juillet 1480, François de Julien, coseigneur de Mirabel et de la Beaume, épouse Mercurette de Rochessauve, fille de Jacob.

Un noble Hugon Julien, qui était coseigneur de Laurac, reconnaît, en 1448, devoir aux Frères-Mineurs de Largentière neuf florins, à titre de legs fait par ses prédécesseurs. En 1465, Bertrand de Chalendar, de Chassiers, reçoit une reconnaissance comme ayant droit de cet Hugon Julien.

Le 28 janvier 1547, était signé à Saint-Jean-le-Centenier, dans la maison de Montaud de Montaud, seigneur de Boyssan (Barbier et Avias, notaires) le contrat de mariage de François Julien, fils d'Etienne Julien, coseigneur de Mirabel, avec Alix de Colans, fille de Gaspard, seigneur de la Beaume (paroisse de Saint-Jean-le-Centenier). La fiancée était assistée de F. Antoine de Colans, son oncle, commandeur de Saint-Antoine de Nimes. Gaspard assigna en dot à sa fille la moitié de ses biens, donation déjà promise le 9 novembre 1543 en considération de ce mariage. Etienne Julien, de son côté, donna à son fils la moitié de ses biens. Les témoins du contrat furent : Louis de Mirabel, coseigneur de Mirabel ; messire Jean

Pastel, lieutenant au bailliage de Villeneuve-de-Berg ; messire Firmin Chaussi, prêtre de Mirabel ; Mᶜ Jean Audigier, notaire de Saint-Germain ; Mᶜ Antoine Bellidentis, notaire de Chassiers ; messire Blas Guilhon, curé de Saint-Jean, et Montaud de Montaud.

Etienne Julien fit son testament le 14 janvier 1556. Il élit sa sépulture en l'église Saint-Etienne de Mirabel. Il institue héritier universel François, son fils aîné, avec des legs pour sa femme, Louise de Montaud et pour ses autres enfants : Joachim, curé de Saint-Maurice-d'Ibie et de Tauriers ; Isabelle Brun, fille d'Antoinette Julien, sa fille ; Françoise, sa fille, femme de Pierre Lauzet, des Granges de Mirabel ; Clauda, sa fille, femme de Bellidentis, notaire à Chassiers ; Gabrielle, femme de Gautier ; Guinot, son fils.

François de Julien fait son testament en 1568. Il institue heritière sa femme Alix, à charge de remettre l'héritage à Antoine, leur fils aîné, avec des legs pour leurs autres enfants, et les substitutions d'usage.

Alix testa en 1575. Il semble qu'elle fût protestante car elle recommanda qu'on l'ensevelit « dans le temple de Saint-Jean-le-Centenier, tombe de ses père et mère, décédés catholiques ».

Elle fit des legs à Paul et Guillaume, et à Gabrielle sa fille. Enfin conformémeat aux volontés de son mari, elle institua héritier universel son fils Antoine. Mais

cet Antoine paraît être mort sans postérité, et c'est
son plus jeune frère, Guillaume, qui continua la
famille. Celui-ci était né le jour même de la mort de
son père (en 1571). Il épousa, en 1598, Marie de
Poulin, veuve de Briand de Lhermuzières, seigneur
de Rochevive, dans le haut Vivarais. Trois ans après,
des difficultés d'héritage survenues entre lui et son
frère ainé, se terminèrent au moyen d'une transaction
par laquelle Antoine s'engagea à payer à Guillaume
la somme de huit cents écus.

Guillaume, ordinairement désigné par le titre de
Rochevive, et que nous avons déjà vu recevoir, en
1628, Daniel de Serres, dans son château de la Beaume,
fut le père de Louis de Julien qui, par son mariage
avec Marie de Charbonnel, devint seigneur de
Vinezac. Mais il paraît avoir eu aussi un autre fils,
appelé François.

On trouve sur le père et son ou ses fils, les pièces
suivantes dans les Carrés d'Hozier :

Commission de capitaine, donnée au seigneur de
Rochevive le 12 août 1622, dans le régiment de gens
de pied français du comte de Tournon. Une note au
dos dit qu'il s'agit de Louis de Julien ;

Hommage du château de la Baume sous Coiron
fait à l'évêque de Viviers en 1623 par Guillaume ;

Commission de sergent-major au régiment du
comte de Roussillon, donnée au capitaine de Rochevive
en 1635 ;

Commission au sieur de Rochevire en 1639, pour commander, en qualité de lieutenant, en la ville de Carmagnole ;

Lettre du roi du 3 janvier 1640, donnant au sieur de la Beaume la lieutenance colonelle du régiment de Roussillon, vacante par la démission du sieur de Marsillas ;

Traité conclu à Lyon le dernier de février 1640 entre messire Imbert, conseiller secrétaire du roi, ayant charge générale de la levée et conduite des recrues de l'armée d'Italie, stipulant pour S. M., et, messire François de la Baulme, lieutenant-colonel du régiment d'infanterie Roussillon, étant alors pour le service du Roi en Italie, où ledit la Baulme, tant en son nom que comme fondé de procuration dudit comte de Roussillon, et se faisant fort de tous les capitaines du régiment, s'oblige de lever et mettre sur pied le nombre d'hommes qui serait nécessaire pour rendre ledit régiment complet du nombre de mille hommes, sans les chefs et officiers, lesdits soldats armés, les deux tiers de mousquets, et l'autre tiers, de piques ; de faire partir lesdites recrues en toute diligence pour l'Italie, moyennant trente-deux mille sept cent vingt-quatre livres, savoir dix-huit mille pour ladite recrue, treize mille deux cent un pour les quartiers d'hiver des chefs et officiers, mille cinq cent vingt-quatre pour l'état-major.

Louis et François indiquent-ils le même personnage, et y a-t-il eu simplement erreur de nom ? Ou bien M. Raymond de Gigord a-t-il confondu les deux frères quand il dit que Louis de Julien était lieutenant-colonel au régiment de Roussillon, gouverneur de Carmagnole en 1639, et qu'il se retira du service, ayant reçu dix-huit blessures avec la réputation d'un officier aussi brave que distingué ?

Nous ne saurions pour le moment répondre à cette question.

Quoi qu'il en soit, ce frère présumé de Louis de Julien ne parait pas au mariage de ce dernier avec Marie de Charbonnel. Le contrat (Raoulx et Allamel, notaires) fut passé au château de Vinezac, le 29 mai 1644. Claude de la Motte, mère de la fiancée, constitue à sa fille tous les biens de son défunt mari, suivant les dispositions du testament de ce dernier, en date du 4 janvier 1636 (Bellidentis, notaire de Chassiers). Le père du futur lui donne la moitié de ses biens, et sa mère, la demoiselle de Poulin, la totalité des siens et de ceux qui lui sont échus par le testament de Briand de Lhermuzières. Les témoins de l'acte sont messire Georges de Voguë, vicomte dudit lieu, messire Balthazard Flotte, baron de la Roche, Annet de la Motte, seigneur d'Uzer, et Joachim de Gabriac, de Barjac.

Le testament de Guillaume, seigneur de la Beaume

et de Rochevive, est du 5 février 1657. Il n'y est pas question de François et l'héritier universel est Louis de Julien. Quoique le testament soit fait au château de Vinezac, Guillaume veut être enterré en l'église de Saint-Jean-le-Centenier, dans la chapelle de Saint-Barthélemy appartenant à la maison de la Beaume. Les témoins de l'acte sont messire Antoine Audoyer, prêtre curé de Vinezac, sieur Louis Chabert, baile dudit lieu et sieur Jacques Chabert (Bellidentis, notaire).

Louis de Julien fut maintenu dans sa noblesse par ordonnance de Claude Bazin, du 20 septembre 1669. L'ordonnance est dressée « au profit de Louis de Julien, seigneur de Rochevive, la Beaume, Vinassac, coseigneur de Chausson, au château de Vinassac, assigné pour † Guillaume, son frère (sic), et demoiselle Marie de Charbonnel, sa femme, assignée pour † Louis et Claude de Charbonnel, ses père et frère et † Claude de la Motte, sa mère (pas de détail de productions). On verra plus loin en quels termes flatteurs pour sa noblesse eut lieu en 1764 la vérification des titres de la famille Julien aux Etats du Languedoc.

Le testament de Louis de Julien est du 5 juillet 1774 (Bellidentis).

Il veut être enterré en sa chapelle de l'église de Vinezac. Il lègue à Louis, son fils aîné, douze mille livres ; à Joseph, son second fils, pareille somme ; à Marie, sa fille aînée, déjà dotée par son mariage avec messire Claude Vidal de la Tour de Rochefort, vicomte d'Ailly, huit mille livres ; à Françoise, sa seconde fille, huit mille livres, si elle ne se fait pas religieuse, et mille cinq cent si elle se fait religieuse. Enfin il institue sa femme héritière universelle, à charge de remettre l'héritage à leur fils Louis, avec les substitutions d'usage.

En 1681, une transaction a lieu entre Marie de Charbonnel et ses fils, Louis et Joseph ; le premier reçoit l'hoirie, et le second, une légitime de douze mille livres. Louis s'engage à payer la dot de sa sœur, la vicomtesse d'Ailly (1).

Les pièces suivantes donnent une idée de la fortune et des revenus de la famille de Julien.

Le 20 septembre 1681, « noble Loys de Julien, seigneur de Vinezac, Rochevive, la Beaume et autres places, habitant en son château de Vinezac, en son nom et au nom de messire Claude Vidal de Rochefort, vicomte d'Ailly, habitant son château de Thieullan, en Auvergne, son beau-frère, avec l'autorisation de messire Henry de Ginestous, abbé de la Tourette, curateur honoraire et conseil dudit seigneur de Vinezac » arrente à Balthazard Fabregoule et

---

(1) Archives départementales de l'Ardèche, B. 112.

Bertrand Heyraud, mesnagiers, de Chauzon, toutes ses maisons et terres avec toutes les rentes et autres revenus qui en dépendent dans les lieux de Chauzon, Balazuc, Pradons, les Louanes, Audon, Uzer, le Ginestet et Chaderon — pour quatre années et quatre récoltes avec la moitié des lods — au prix de neuf cent soixante livres par an.

On montre encore à Balazuc la maison qu'y possédaient les Julien de Vinezac.

Le lendemain, Louis de Julien arrente à Louis de Montcouquiol et Louis Larchier, tous ses biens fonds dans le mandement de Vinezac, moulins, fours, etc., avec les rentes et droits qui en dépendent, avec la moitié des lods, pour quatre ans, au prix de mille cent quatre-vingts livres par an.

Le seigneur se réserve son château en entier, sauf les écuries et une partie de la cave.

Les deux rentiers principaux sous-afferment une partie des biens affermés (dont la terre de la Kayrié) à François Mollier, de Vinezac. Parmi les témoins de l'acte figure noble Antoine Audoyer, curé de Vinezac.

Sur la somme due par les rentiers principaux, Julien assisté de Rochefort, se reconnaît la charge de payer trois cent trente livres, que dame Marie de Charbonnel, sa mère, avait empruntés à Paris à M. le chevalier d'Aubesson, le 12 août 1680, et, n'ayant pas d'argent présentement, délègue à noble Loys

Comte, frère du chevalier, présent à l'acte, la somme principale de trois cent soixante trois livres dix sols à prendre sur les deux rentiers, payable à la Noël 1682. Au nombre des témoins de l'acte se trouve Me Annet Rochier, seigneur du Prat, juge de Largentière.

En ce temps-là, le château de la Beaume et les biens des Julien à Saint-Jean-le-Centenier étaient affermés à Etienne Guillon, du lieu de Boiron, paroisse de la Beaume et de Saint-Jean.

Louis de Julien, le fils aîné, dut mourir peu après, car il n'est pas question de lui dans le contrat de mariage de son frère Joseph avec Anne de Beaumont-Brison, qui fut passé au château de Brison, le 1er juillet 1686. Joseph y est qualifié seigneur de Roche-vive, Vinezac et la Beaume, fils de † Louis et de dame Marie de Charbonnel ; il est assisté de ladite dame, de Louis d'Allamel, seigneur de Planzolles et Saint-André-Lachamp, son curateur honoraire, et de messire Henri de Ginestoux, abbé de le Tourette. La fiancée, fille de † Rostaing de Brison-Beaumont et de Françoise d'Urre du Puy Saint-Martin, est assistée de sa mère, de son frère François de Beaumont, marquis de Brison, et d'Antoine d'Arlendes, seigneur de Vendrias, son cousin. Elle se constitue tous ses droits et biens ; son frère lui constitue vingt-quatre mille livres, dont quatorze mille du chef de son père, et dix mille du chef de sa mère. Les témoins sont :

messire Louis Jacques d'Authefort de Lestrange, seigneur de Montréal, Jacques de Bernard de Montbrison, seigneur de Versas, Rostaing François d'Arlendes, seigneur de Mirabel, et Guillaume de Fages, sieur de la Terrisse (Boyer et Vezian, notaires de Balazuc et de Sanilhac).

Joseph de Julien ne dut pas rester longtemps au foyer conjugal, car d'Hozier mentionne une commission de capitaine de cinquante dragons dans le deuxième Languedoc de nouvelle formation, donnée au capitaine de Rochevive-Vinezac.

Les registres de la paroisse de Vinezac contiennent l'acte de baptême de Louis de Julien, fils de Joseph et d'Anne de Beaumont, né le 2 octobre 1694, mais il avait un frère aîné, Francois Joseph, né sans doute hors de Vinezac, qui lui sert de parrain.

Il est probable que François mourut jeune, car c'est Louis de Julien qui continue la famille.

Parmi les frères de Louis de Julien, il convient de citer Jean Baptiste, né à Vinezac le 15 août 1699, qui fut chanoine de Brioude. Le procès-verbal de sa réception en 1730 est assez curieux par les dépositions qui y furent faites sur la noblesse des Julien et de leurs alliés, les d'Antraigues, Beaumont-Brison, du Roure, etc.

Mentionnons pour mémoire diverses commissions : en 1702, de capitaine dans le régiment de Chabrillan ;

en 1704, de lieutenant-colonel, au régiment de Tavannes, données au capitaine Vinezac.

Le 8 décembre 1714, ordre est donné au sieur Julien, capitaine réformé à la suite du régiment d'Enghien, de se rendre à la suite du régiment Dauphin.

*
* *

Il nous faut relever ici une confusion faite par divers écrivains, et notamment par Mme Lascombes, dans son étude, d'ailleurs fort intéressante, sur *Claude de Vocance* (1) où le brigadier de Julien, celui qui en 1704 réprima les religionnaires des Cévennes, est désigné comme étant un Julien de Vinezac. Outre que ce personnage brille par son absence dans toutes les généalogies de cette famille, on trouve sur lui, dans l'ouvrage d'Antoine Court, des renseignements qui ne laissent pas de doute sur son origine étrangère au Vivarais : « Il était d'Orange ; né dans la religion protestante, il passa dans les pays étrangers à la révocation de l'édit de Nantes ; le prince d'Orange le reçut auprès de lui, en qualité de page ; dans la suite, ce prince, devenu roi d'Angleterre, lui donna un régiment et l'envoya en Piémont pour servir dans l'armée du duc de Savoie. Julien s'y acquit de la réputation, surtout à la défense de Coni ; mais,

_____

(1) *Revue du Vivarais*, 1893, p. 203-204.

après la levée du siège de cette place, quelque mécontement lui fit prendre le parti de quitter le service et de retourner en France, où il embrassa la religion catholique. Il n'oublia rien pour persuader au roi qu'il l'avait embrassée de bonne foi ; son zèle amer et bigot ne laissait rien à désirer à cet égard les protestants n'eurent point d'ennemi plus redouta-bles, etc. (1). »

Le brigadier de Julien visita diverses places du Vivarais à deux reprises différentes.

En 1704, les Etats du Vivarais, réunis au Bourg, lui rendirent visite solennellement. Celui-ci reçut fort bien les députés « et se montra très sensible aux honnêtetés qu'il recevoit de l'assemblée, par laquelle il leur a dit qu'il avoit une très grande considération et qu'il chercheroit toujours avec passion les occasions de lui en donner des marques en tout ce qui pourroit dépendre de lui, qu'il avoit beaucoup d'estime pour les particuliers qui la composent et qu'il seroit ravi de pouvoir leur rendre ses services. »

Dans les comptes des consuls de Largentière, la même année, figure la note suivante :

« Pour avoir fait mettre les armes de M. de Jullien à la porte de la ville et à celle de M. de Fages, deux livres ; pour avoir faict tirer les fauconnaux, douze

(1) *Histoire des Camisards*, I, 196.

coups à l'arrivée ou sortie de M. de Jullien, douze
livres; à M. de Bessas, pour de poudre qu'il a distribuée
à la compagnie de bourgeoisie commandée par M.
Esnault, lors de la revue de M. de Jullien, trente-huit
s. six d.

En 1709 dans les comptes de Claude Vincent,
collecteur, figure ceci : « pour orner en 1707 et 1708
la porte de Sigalières à l'arrivée de M. de Jullien,
lieutenant général, trois l. dix-sept s. onze d.

Le brigadier de Julien mourut en 1711. Des détails
plus complets sur ce personnage sont donnés par le
baron de Coston, dans son étude historique sur *André
Lafaïsse* (1).

*
* *

Revenons aux Julien de Vinezac.

On lit dans le compte-rendu de l'Assiette (États du
Vivarais) tenue à Joyeuse au mois de mars 1706 :
« Le sieur de Rochepierre, syndic, a dit que le sieur
Julien de Vinezac s'étoit présenté en ceste ville pour
prier l'assemblée de vouloir faire coucher dans l'estat
des registres des dettes du pays, la somme de seize
mille livres qui lui reste de celle de dix-sept mille sept
cent trente-sept, qu'il avoit cy devant sous le nom de

---

(1) *Bulletin d'archéologie de la Drôme*, 1885, p. 278.

dame Marie de Charbonnel, sa mère ; qu'il ne rapportoit point le testament de ladite dame pour justifier sa qualité d'héritier ; mais qu'il lui avoit remis la transaction par lui passée avec ladite dame, sa mère, l'année 1698, reçue par Chaudruc, notaire du Bourg, par laquelle il est justifié que ladite dame de Charbonnel ne s'estoit réservé de tous biens lui ayant appartenu ou à M. de Rochevive, son époux, que la somme de quatre mille livres, ce qui paraissoit suffisant pour obtenir que la partie de seize mille livres fût mise sous le nom du sieur de Vinezac. Sur quoi, lecture faite de ladite transaction, il a été deslibéré que ladite partie de seize mille livres fût mise sous le nom du sieur de Vinezac dans l'estat des debtes du pays et leur interest imposé à son profit. »

Le procès-verbal des Etats de 1709 nous apprend que M. de Vinezac fit cession aux religieuses de Notre-Dame de Largentière, de mille quatre cents livres sur les mille six cent que le pays lui devait.

Aux Etats de 1710, le syndic annonce que M. de Vinezac, par contrat du 2 avril 1708, a cédé aux religieuses de la Visitation de Sainte-Marie, du Bourg-Saint-Andéol, mille huit cent vingt-trois livres, sur un capital de plus grande somme, que le pays lui doit. En conséquence, les religieuses pourront retirer annuellement une rente de quatre-vingt-dix-huit livres trois sols dudit capital qui sera inscrit à leur nom et défalqué de la somme due par le pays à M. de Vinezac. Peut-être était-ce la dot d'une de ses filles, car on voit une Madeleine de Vinezac figurer en 1758, comme créancière des Etats du Vivarais, en qualité de supérieure du couvent de la Visitation au Bourg-Saint-Andéol.

Joseph de Julien acheta, en 1708, d'un d'Agrain, le château et mandement d'Uzer, qui avait été cédé à ce d'Agrain par Gabriel de Lestrange, seigneur de Montréal, à charge de rachat. Mais Lestrange, ayant plus tard usé de son droit de rachat, le contrat ne put pas venir à effet (1).

Joseph de Julien mourut le 20 mars 1733.

Louis de Julien, son fils aîné, s'était marié le 15 février 1726, avec Claudine Plantier, fille de feu Claude Plantier, bailli de Brion, et de Françoise Belin, sa veuve. Parmi les participants au contrat figure Jean Baptiste de Julien, le futur chanoine de Brioude, qui est ici qualifié prêtre prieur et seigneur de Saint-Pierréville.

De cette union naquirent sept ou huit enfants : l'aîné, Jean-Joseph, le 6 novembre 1726, Mathieu en 1727 ; Jean-Baptiste, qui se fit jésuite ; Marie-Anne, qui épousa Louis Chalabreysse de Galimard ; Marie

---

1 Voir notre *Notice sur Uzer*, p. 45.

Angélique, reçue à Saint-Cyr, en 1732 ; Marie Françoise, qui épousa Jacques-Henri Vézian en 1733, etc.

En 1731, Louis de Julien était capitaine de grenadiers au régiment d'Auvergne.

Louis de Julien fait son testament en 1741. Il veut être enterré dans la chapelle de sa famille, dédiée à Saint-Jean, à l'église de Vinezac. Il lègue six mille livres à chacun de ses enfants : Joseph, Mathieu, Jean-Baptiste, Marie-Angélique, Louise et Marie, et institue héritière universelle, sa femme, à charge de remettre son héritage à un de ses enfants.

L'aîné des enfants, Joseph, épousa, en 1753, Marguerite de Rigot des Cambons, qui lui apporta de riches domaines dans la région de Montpellier, et plus tard l'entrée aux Etats du Languedoc. La vérification de ses titres de noblesse qui eut lieu à cette occasion, dans la séance des Etats du 28 janvier 1764, donna lieu à un rapport des plus flatteurs pour la noblesse des Julien. En voici les termes :

Mgr l'archevêque de Toulouse a dit que le sieur de Joubert, syndic général, a fait le rapport des preuves de noblesse de messire Joseph de Julien, seigneur de Vinezac ;

Qu'il résulte des actes qui ont été rapportés, que noble Joseph de Julien, second du nom, présenté, est fils de noble Joseph de Julien, premier de nom, celui-ci, de noble Louis de Julien, premier de nom, et ce dernier, de noble Guillaume de Julien ;

Qu'il a été rapporté plusieurs actes sur chacun de ces degrés,
suivant la disposition des règlements, lesquels actes ont toujours été rapportés en bonne forme, étant expédiés par l'un
des notaires recevant ou par le notaire détempteur des notes ;

Que ces actes, tels que des contrats de mariage et testaments,
dans lesquels le présenté et ses auteurs ont toujours pris la
qualité de noble, de messire, de chevalier, remplissent, et au-
delà, la preuve centenaire de la noblesse et le nombre des
degrés portés par les règlements, et qu'il aurait pu faire
remonter cette preuve beaucoup plus haut, par un grand nombre d'actes qui sont énoncés dans une production qu'il n'a pas
été nécessaire de vérifier ;

Mais qu'on ne peut se dispenser de faire mention, par rapport
à la preuve, que le présenté possède un fief noble dans *Vinezac*
en date des ides de décembre 1246, laquelle terre n'a pas cessé
depuis d'être dans sa maison, ayant passé de la branche aînée
à la branche cadette, de laquelle il descend, et qui est la seule
qui subsiste aujourd'hui ;

Comme aussi un hommage rendu par la veuve de feu noble
Pierre de Julien, de la coseigneurie de Vinezac du 28 mars
1329 ; enfin un autre hommage rendu le 19 juillet 1353 par
noble Aymar de Julien à l'évêque de Viviers de plusieurs terres
relevant dudit évêché. A quoy on peut ajouter diverses commissions pour des emplois militaires remplies tant par le présenté
que par ses auteurs. De sorte que la commission a été unani-
ment d'avis que messire Joseph de Julien présenté, ayant
pleinement satisfait à ce qui est porté par les règlements, tant
pour la preuve de sa noblesse, que par rapport à celle du fief
noble que MM. les envoyés doivent posséder dans la province,
il devoit être reçu dans l'assemblée.

A la suite de son mariage, Joseph de Julien aban-
donna le Vivarais pour se fixer au château des
Cambons, tandis que son cadet, Mathieu de Vinezac,

était la tige d'une branche qui continua de résider à Largentière.

Le troisième frère, Jean-Baptiste, entra dans la société de Jésus. Nous le retrouvons au château des Cambons baptisant en 1754 et 1755 deux enfants de son frère aîné.

La branche aînée (de Cambons) prit successivement les titres de comte et de marquis et se fondit en 1803 dans la maison de Vogüé de Tresques. Elle est encore représentée par le comte de Ginèstous (à Montpellier) et par le comte de Turenne d'Aynac (à Paris), qui en descendent par les femmes.

Les représentants des deux branches figurent dans les assemblées de la noblesse de 1789, ceux de la branche aînée, sous le titre de comtes de Vinezac, et ceux de la branche cadette, sous le titre de vicomtes ou chevaliers.

La branche cadette des Julien, qui nous intéresse plus particulièrement, comme n'ayant pas quitté le Vivarais, eut des destinées plus tragiques, et nous occupera plus longuement.

Le 27 juillet 1747, fut signé le contrat de mariage de messire Mathieu de Julien, chevalier de Vinezac, fils de feu Louis de Julien, seigneur de Vinezac, Merzelet, la Beaume, Dornas, etc., et de Claudine de Plantier, habitant au château de Vinezac, avec demoiselle Marie de Grandval, fille de feu messire

Claude François de Grandval, lieutenant-colonel
d'infanterie, et de dame Marie de Bellidentis, de
Largentière (Tressaud, notaire).

Dans des actes ultérieurs, Mathieu est désigné
comme capitaine au régiment de la Couronne.

Les Carrés d'Hozier indiquent deux fils nés de ce
mariage, savoir :

Joseph-Louis de Julien, né le 10 septembre 1753,
admis à l'école militaire en 1764, et Gabriel Etienne,
né le 25 mars 1756, admis à l'école militaire en 1767.
On verra plus loin qu'il y en avait au moins un troisième.
Notons aussi que, dans d'autres documents, la naissance
de Joseph-Louis est marquée au 24 décembre 1749.

Mathieu de Julien habitait à Largentière la maison
Doux, à l'entrée du pont Barante. En 1778, le conseil
municipal de Largentière décide l'ouverture d'une
porte au mur de la ville, entre la maison de M. le
chevalier de Vinezac et celle de M. Roure (aujourd'hui
maison Vital) « pour faciliter aux grains l'accès de la
place destinée à la vente de cette denrée, vu que les
bêtes de charge étant forcées de passer sur la place
où l'on entrepose le bois de charpente, on ne peut,
malgré toutes les précautions imaginables, empêcher
les sacs d'être percés par le frottement contre les
planches, etc... »

L'état suivant des biens du chevalier de Vinezac,
antérieur à la Révolution, montre quelle était alors la
modicité de ses revenus :

1° Un petit domaine à Largentière, lieu de sa résidence, appelé Mas du Bos, consistant en mûriers et vignes, d'un revenu annuel d'environ . . . . . . 250 livres

2° Un domaine à Balazuc, consistant en champs, mûriers et prairies, revenu annuel . . . . 300 »

3° Un domaine à Ribes, consistant en bois de châtaigniers, vignes et quelque peu de mûriers . . . . 80 »

4° Quelques pensions sur différents particuliers, environ . . . . 200 »

5° Intérêts des six mille livres qui lui sont dûs du reste de sa légitime par le comte de Vinezac, son frère. . . . 300 »

Total annuel. . . . . . 1330 livres

En 1785, Chaniol dit Bonnet, d'Uzer, reconnaît tenir une terre, située à Champ-Champollière (Balazuc), de Mathieu et Louis Joseph de Julien, père et fils, habitant de Largentière, vicomte de Vinezac, ayant droit à titre de sous inféodation de Joseph de Julien, son frère, comte de Vinezac.

Louis Joseph de Julien épousa à Aubenas, le 4 octobre 1784, Marie-Thérèze-Adélaïde-Ledegarde-Bologne Gordon, fille de Dominique Gordon, ancien brigadier des gardes du corps, capitaine de cavalerie, chevalier de Saint-Louis, et de Marie-Magdeleine Chevalier-Coudray, habitant tous deux Aubenas.

C'est de lui sans doute qu'il est question dans le passage suivant du *Portrait historique du maréchal de Mailly*, qui commandait au château des Tuileries le 10 août 1792 : « A chacune des promotions, M. de Mailly avait témoigné l'opinion qu'il avait de lui-même, en choisissant, pour être secondé, des personnages d'une haute naissance. Dès 1783, il avait nommé son écuyer M. de Julien, de Vinezac, d'une famille très ancienne. »

Louis Joseph de Julien était alors officier d'infanterie, chevalier de l'ordre de Saint-Lazare et du Mont-Carmel.

Est-ce de lui ou de son père qu'est une lettre adressée au comte d'Antraigues, et datée de Largentière 1789, que nous trouvons ainsi résumée dans un catalogue d'autographes ?

VINEZAC, seigneur du Vivarais : Très-curieuse lettre historique par laquelle il informe le comte d'Antraigues de l'état des esprits dans la province. La noblesse est très-satisfaite de sa conduite et de celle du comte de Vogüé. « Nous venons d'être instruits par les consuls de la côte du Rhône, que trois mille brigands arrivant des montagnes du Dauphiné, ont passé ce fleuve, après avoir ravagé et pillé plusieurs paroisses et mis tout à feu et à sang. Un corps de dix mille Piémontais est campé à Chabeuil, en Dauphiné, et l'on craint une invasion en Vivarais. »

On sait que ces bruits d'invasion piémontaise furent ensuite reconnus faux. Ils avaient été répandus dans le but de propager le mouvement révolutionnaire en provoquant l'armement des populations.

Louis Joseph de Julien, ayant pris part à la défense de Lyon contre les troupes républicaines fut fusillé, ainsi que quelques autres Ardéchois, après la prise de cette ville.

Cet événement est ainsi mentionné dans les notes manuscrites de Delichères :

« Bournet, Genton et Julien-Vinezac furent condamnés par une commission militaire à Lyon et fusillés. Dumas incarcéré s'échappa ; Decombes se sauva ; l'abbé Belot, ancien professeur au collège d'Aubenas, avait péri dans le siège les armes à la main ; Victor Champahnet fut sauvé par les gardes nationales d'Aubenas. »

On dit que la commission militaire qui condamna Louis de Julien, comptait parmi ses membres plusieurs officiers et sous-officiers du 4ᵉ bataillon de l'Ardèche, entre autres le fameux Cousin, avocat, de Joyeuse. Elle était présidée par le chef de bataillon, Massol. Son jugement, qui porte la date du 21 brumaire an 2 (11 novembre 1793) fut exécuté le lendemain sur la place des Terreaux.

Après et peut-être même avant l'exécution de
Louis de Julien, sa mère et une de ses sœurs furent
emprisonnées au grand séminaire de Viviers, dont
on avait fait la prison d'Etat de cette époque, et ne
recouvrèrent leur liberté qu'après le 9 thermidor.
Mlle de Julien n'avait que vingt ans lors de l'arrestation. Son impression fut telle à cette époque où la
prison était si proche de l'échafaud, que ses cheveux
blanchirent en une nuit. Après la mort de ses parents,
Mlle de Vinezac se fixa à Viviers dans la maison
habitée depuis par M. le chanoine de Contagnet :
c'est là qu'elle est morte dans un âge avancé.

Les biens de Louis de Julien ayant été confisqués
et vendus par le gouvernement, qui se trouva ainsi
chargé des dettes de Vinezac, sa veuve se porta
créancière pour sa dot qui avait été de quarante
mille livres. Son homme d'affaires en cette question
fut l'ex-conventionnel Claude Gleizal, qui était alors
secrétaire rédacteur des procès-verbaux du Corps
législatif, et qui s'employa avec beaucoup de zèle en
faveur de la pauvre veuve. Voici en quels termes
Meynier, commissaire du pouvoir exécutif auprès du
tribunal de Largentière, écrivait à Gleizal en février
1799 :

« Je viens vous prier, cher ami, de vous intéresser
pour la radition définitive de la liste des émigrés de
Mathieu Julien Vinezac, de cette commune, qui n'a

jamais émigré et qui est rayé provisoirement par le département, ainsi que celle de Julien Louis Vinezac, son fils, guillotiné à Lyon après le siège. La citoyenne Vinezac, fille à Mathieu (1), dit que, dans un temps, vous vous êtes intéressé pour leur affaire, dont il avait pleine connaissance. C'est une famille bien malheureuse qui mérite quelque égard de la part des républicains, ayant tout perdu à la Révolution, et étant dans la plus affreuse misère. Le père, qui est sous la surveillance de la municipalité de Viviers, est un très honnête homme qui ne s'est jamais mêlé de rien dans la Révolution. Ainsi, mon ami, si vos pénibles travaux vous permettent de vous occuper de cette affaire, vous m'obligerez beaucoup, et ce sera un acte d'humanité de plus à ajouter à ceux que vous faites chaque jour... »

En mars 1804, Mme Gordon Vinezac, la veuve du condamné de Lyon, réclamait les bons offices de Gleizal, et Mestre, notaire à Aubenas, répondait ainsi à une demande de renseignements de ce dernier :

« Son mari fut tué à Lyon en 1793 ; son nom fut ensuite rayé provisoirement de la liste des émigrés par le département. Tous ses biens ont été vendus, à l'exception de quelques rentes foncières qui sont un objet d'environ quatre cents livres, et qui ont

_____

(1) Probablement Henriette-Eléonore. — *V. plus loin, p. 117.*

été adjugées à Mme de Vinezac, la mère, en qualité de mère d'émigré. Parmi les papiers remis par Mme Vinezac à l'effet de la liquidation de sa créance, se trouve un certificat constatant que son mari n'a laissé aucun bien sur lequel cette créance puisse être exigée. »

En 1807, Gleizal écrit à Mme Gordon-Vinezac que le produit des sommes reçues par le gouvernement sur les biens de son mari se réduit à neuf mille francs et qu'elle en aura le tiers inscrit au grand livre, à raison de 5 o/o.

Le 14 mars 1810, il l'informe que cette liquidation s'est terminée par son inscription au grand livre pour cent quatre-vingt-trois livres.

Au mois de juillet suivant, Mme Gordon-Vinezac donnait à son avocat de nouveaux renseignements, parmi lesquels nous relevons les suivants :

« Nos biens non vendus consistent en pensions foncières, dont la majeure partie est en blé, et le reste en argent. A l'époque ou j'étais en prison, la nation s'en empara, et l'on m'en mit en jouissance, un an après ma sortie de captivité, par un arrêté du département qui me les adjugea, comme étant tutrice de ma fille. A l'époque de sa mort qui arriva en 1799, le gouvernement les donna à ma belle-mère, et, à la mort de cette dernière, sa fille et son fils en ont joui, et ce dernier vient de vendre sa part. »

La malheureuse veuve paraît avoir eu pour principale ressource, dans sa vieillesse, une pension de mille deux cents livres que lui servait la famille de Vogüé, héritière de la branche aînée des Julien.

On a vu plus haut que Louis Joseph de Julien avait un frère, plus jeune de trois ans, appelé Gabriel Etienne, qui avait été à l'école militaire en 1767. Il paraît que celui-ci mourut jeune. Un autre, Jacques Louis, né en 1758, mourut aussi fort jeune.

Mais il y avait un quatrième frère, dont l'existence n'est pas douteuse, bien qu'il ne soit pas mentionné dans les Carrés d'Hozier, et c'était un frère jumeau de l'aîné, par conséquent né le 24 décembre 1749. Il se nommait Joseph Xavier et fut lieutenant d'infanterie. On le trouve en 1786 qualifié, comme son frère, vicomte de Vinezac et chevalier de l'ordre de Saint-Lazare ; on sait que l'ordre de Saint-Lazare et du mont Carmel ne s'obtenait que sur la preuve de huit générations de noblesse paternelle.

Joseph Xavier émigra et ne revint à Largentière qu'après la Révolution. Il est mort, au château de cette ville, le 1er février 1814, âgé, dit le registre, de soixante-six ans, ce qui concorde avec la date de sa naissance, indiquée plus haut.

C'est de lui qu'il est question, à un point de vue, d'ailleurs, purement romanesque, dans la nouvelle de Léon Vedel intitulée : *La Coupe* (1). Cet ex-émigré,

_____

(1) *Revue du Dauphiné et du Vivarais*, 1878, p. 377.

que l'on continuait d'appeler le chevalier de Vinezac,
était, paraît-il, un homme d'une grande bonté de
caractère et de manières très aimables, comme la
plupart de nos anciens nobles, ce qui n'empêcha pas
qu'en le voyant revenir dans le pays sans son frère
(le guillotiné de Lyon), l'ignorance où la bêtise populaires répandirent le bruit qu'il avait tué son frère
pendant l'émigration dans un duel provoqué par une
question de femme. C'est sur ce thème, plus que
hasardé théoriquement, que s'est exercée la fantaisie
de Léon Vedel qui, d'ailleurs, en a profité pour raconter
ses souvenirs d'enfance d'une façon charmante. Est-
ce à ce Julien qu'il faut rapporter le manuscrit intilulé :
*Réflexions sur l'esprit des royalistes insurgés de
France*, mentionné par le P. Lelong, comme écrit
par un Julien de Vinezac ? C'est le lieu de noter
encore un drame en vers écrit par un Vinezac, sans
savoir davantage à qui on peut l'attribuer (1).

Le dernier chevalier de Vinezac habitait à Largentière la maison, un peu agrandie depuis, qui domine
la gare du chemin de fer. La propriété qui s'étendait
jusques à la route, avait passé à la famille Corbier,
avant d'être acquise par M. Barthélemy en 1864.

_____

(1) *Le Epoux malheureux*, drame en trois actes et en vers,
suivi des poésies fugitives par M. de Julien de Vinezac. Amster-
dam et Paris. Monory 1780 in-8. Bibliothèque de M. de Soleine ;
catalogue rédigé par le bibliophile Jacob. Paris 1844 t. 2, p.
186.

Les fils de Mathieu de Vinezac avaient eu trois sœurs :

Marie Angélique, née en 1748, mariée en 1767, au baron de Hagen, dont la descendance existe encore à Bruxelles ;

Marie Anne Henriette, née en 1751, qui épousa en 1776, au château de Thiollant en Velay, un la Molette de Morangiés ;

Et enfin Henriette Eléonore, née en 1764, qui fut abbesse d'un monastère à Viviers, et c'est évidemment celle qui fut emprisonnée avec ses parents pendant la Révolution.

M. et Mme de Morangiés laissèrent une fille qui fut mariée au marquis de Chateauneuf de Rochebonne, et le seul enfant survivant de ce mariage fut Louise Eléonore de Chateauneuf de Rochebonne, née en 1807 et élevée à Viviers auprès de sa grand' tante et marraine ; elle épousa à Allègre (Haute-Loire) en 1833, Jean Claude Grellet de la Deyte, l'oncle de M. Grellet de la Deyte, qui a été sous-préfet de Largentière pendant la période du 16 mai. Comme ils n'eurent pas d'enfants, c'est ce dernier qui se trouve représenter les derniers descendants de Mathieu de Julien de Vinezac, dont il habite la maison à Allègre et dont il possède toutes les archives.

VI

L'HISTOIRE DE LA RÉVOLUTION
A VINEZAC

La délibération des gens de Vinezac le 22 février 1791. — Un chroniqueur inattendu. — Une famille patriarcale. — La persécution des prêtres.— L'*Ovayro*. — L'intrus. — Sacrilèges et châtiments. — Les partageux. — Le décadi. — Chouans et déserteurs. — Arrestation d'un fils Mollier. — Montchauffé.— Joseph Mollier, capitaine de la garde nationale. — L'éducation des enfants. — Victor Mollier, maire. — Le procès de Vinezac et de Balazuc.

On sait qu'il y eut trois rassemblements contre-révolutionnaires dans la plaine de Jalès, le premier en juillet-août 1790, le second en février 1791, et le troisième en juillet 1792. Les deux premiers eurent surtout pour objet la défense de la religion, comme l'a fort·bien démontré Firmin Boissin (1). La population

---

(1) Episode de la Révolution dans le bas Vivarais, p. 4, et *Camps de Jalès,*

de Vinezac prit part au second, et voici les causes qui amenèrent cet événement.

A la suite des massacres de catholiques à Nîmes et de l'organisation de troupes protestantes au camp de Boucoiran, les catholiques des Cévennes, du bas Vivarais et du Dauphiné, justement effrayés, envoyèrent des agents dans toutes les paroisses des environs, pour solliciter des secours éventuels contre une invasion protestante du bas Vivarais, qui paraissait imminente.

Ces émissaires arrivèrent à Vinezac dans la nuit du 18 février 1791. Aussitôt l'alarme fut donnée, vers deux heures et demie du matin. Le tocsin sonna pendant plusieurs heures, et bientôt tous les hommes valides qui avaient pu l'entendre accouraient en armes au chef-lieu de la commune.

Quand les hommes de Merzelet, de Chaudebry et des Côtes furent arrivés et que la population se trouva toute rassemblée sur la place du village, le curé, M. de Charrière de Tardieu, lui communiqua les nouvelles alarmantes qu'on venait de recevoir, et exposa la nécessité, où l'on se trouvait, de courir aux armes pour la défense du pays et de la religion. Il fut alors décidé que, dès le jour venu, les jeunes gens de la paroisse partiraient sans retard pour aller appuyer la résistance, qui s'organisait dans la plaine de Jalès, en vue de barrer le passage aux protestants.

Cette décision prise, le curé, d'accord avec les autorités municipales, renvoya tous les hommes qui étaient accourus au son du tocsin, mais non sans leur avoir donné rendez-vous dans l'église de Vinezac pour le 22 février suivant.

Ce jour-là, l'église était trop petite pour contenir tous ceux qui étaient accourus. La cérémonie commença par l'exposition du Saint-Sacrement, qui fut suivie du chant de la grand' messe. Après l'Evangile, le curé monta en chaire, fit l'exposé de la situation, et insista sur la nécessité pour les habitants de s'unir pour la défense de leurs biens, de leurs personnes et surtout de la religion menacée par le fanatisme des protestants.

Après la messe, le Saint-Sacrement étant toujours exposé sur l'autel, M. Tardieu rédigea la délibération suivante qui fut signée, sur l'autel de Saint-Sébastien, par tous les chefs de famille, dont pas un n'avait manqué à l'appel :

L'an 1791 et le 22 février, se sont assemblés, en corps de communauté, convoqués par M. J. de Charrière de Tardieu, curé de cette paroisse de Vinezac, savoir :

Jean Barthélemy Cellier, maire ; Jean Mollier, officier municipal ; Etienne Prat, idem ; Etienne Blachère, procureur de la commune ; Jean Charbonnier, secrétaire de ladite communauté ; Jacques Deydier, Etienne Vallier ; Louis Pouzache, officier municipal ; François Mollier, idem ; Antoine Jallat, Gabriel Lafont, Jean (nom illisible), Antoine et Jean Baptiste Lamas, Louis Chabrolin, Jean Chabrolin, Gabriel Charbonnier,

Jean Lafont, Claude Roche, Claude Lafont, François Pouzache, Pierre Chapuis, Jean Louis Chapuis, Pierre Ganivet, Jean Dupuis, Louis Dupuis, Jean Pierre Chambon, André Allamel, Henri Vigier, Jean François Cellier, N. Rouvière, Claude Plagnol, Jean François Trousset, Sébastien Roure, Jean Jallat, Jean Pierre Charbonnier, N..., Jean Roure, Pierre Boyer, Jean Boyer, Jean Trichet, N..., Louis Pouzache, Barthélemy Pouzache, Noé Jean Dussault, Joseph Montcouquiol, Sébastien Lafont, Joseph Cellier, Jean Bertrand, Jean Blachère, Pierre Court, Jean Dusserre, Louis Chabert, Jean Roche, Pierre Jean Louis Jucor, Jean Pierre Feuillet, N..., Michel Jallat, N..., Jean Manent, Baptiste Rousset, Jean Lafont. Pierre Rouvière, Claude Lafont, Gabriel Lafont, Pierre Lafont, Antoine Roure, Jean Roure, Antoine Court, Antoine Chambon, N..., François Mouraret, Etienne Blachère, Pierre Chambon, Pierre Valette, Jean Bonnaud, N..., Antoine Amblard, Jacques Pignède, J. B. Larchier, André Cellier, Paul Larchier, Louis Nogier, Jean Valentin, Pierre Dathuey, André Imbert, André Montcouquiol, Pierre Bernard, Noé Boyer, Antoine Pouzache, Pierre Chambon, Sébastien Mollier; André Ollier. Claude Bernard, Claude Garnier, Pierre Garnier, Antoine Montcouquiol, Sébastien Montcouquiol, Pierre Blachère, Pierre Boyer, Joseph Mollier, Noé Constant, Pierre Constant, Jean Brousse, Gaspard Nogier, André Augier, Jean Augier, Jacques Debannes, Claude Pignède, Louis Roure, Etienne Roure, Pierre Durand, Louis Roume, Antoine Roure, Etienne Bernard, Louis Agier, Simon Sabatier, Pierre Blachère, Jacques Mestre, Jean Hautemesse, André Mollier, Jean Louis Dours, Pierre Pouzache, Jean Baptiste Mestre, Saint-Jean Martinesche, Hilaire Jaussen, Jean Béraud-Dufour, Jean Antoine Barjet, Etienne Durand, Pierre Guibourdenche, Sébastien Roure, Pierre Jaussen, Jean Allier, Jean Barget, Jean Eyraud, Claude Cellier, Jean Barget, Pierre Blachère, Claude Pignède, Barthélemy Gabias, Jean Gabias, Louis Chaniol, Jean Montcouquiol.

Lesquels, poussés et mûs d'un saint zèle pour la gloire de Dieu et pour propager la foi de la Sainte Eglise catholique, apostolique et romaine, que nous professons tous, pour la laisser à nos enfants et à leur postérité comme le plus précieux héritage et le meilleur gage de notre amour pour eux ; opprimés et oppressés par les guerres civiles, guerres de religion, allumées dans ces contrées ; vu que les hérétiques et huguenots, se sont déjà rendus maîtres des villes de Nismes, Uzès et Alais, Saint-Ambroix et villes voisines ; effrayés des forces qu'ils ont et des progrès avec lesquels ils avancent leur criminelle entreprise contre nos frères, les catholiques du Languedoc, qu'ils égorgent, sans distinction d'âge ni de sexe, contre lesquels ils emploient le fer et le feu ; pour implorer le secours du ciel, en vue de détruire un camp retranché que les hérétiques ont aux plaines de Boucoiran de soixante mille hommes, et principalement que le seigneur nous accorde dans sa clémence la grâce que la guerre civile ne puisse jamais troubler la paix de notre paroisse, afin que l'hérésie des huguenots n'infecte jamais de son venin damnable et ne pénètre jamais dans l'enceinte de la communauté de Vinezac, et notamment encore que le seigneur veuille bien nous donner à tous cet esprit de foi, de paix, de charité et d'union, qui ne puisse jamais s'altérer parmi nous, bien moins dans ces temps difficiles, temps de calamités, mais que nous n'ayons qu'un cœur et qu'une âme, qu'une même foi pour laquelle nous sommes disposés à verser tout notre sang, foi divine, foi sainte, foi romaine, dans laquelle nous avons eu le bonheur de naître, et dans laquelle nous voulons mourir, pour le soutien de laquelle et pour la défense de nos chers frères catholiques du Languedoc et des Cévennes, nous avons détaché partie de notre chère jeunesse, de nos chers enfants, de même que tout le Vivarais, tout le Dauphiné et la montagne ;

A ces différentes causes et principalement pour obtenir du Seigneur le soutien de notre foi, de conserver cette même foi, l'union et la paix parmi nous, aujourd'hui, tous assemblés, sans qu'il manque un seul chef de famille de ladite paroisse, par l'organe de notre estimable pasteur en chaire, le flambeau à la main, le très Saint-Sacrement exposé publiquement, les larmes aux yeux, les soupirs dans la bouche, après une messe célébrée par lui à ces différentes fins, nous avons fait vœu solennellement à Dieu, à la Sainte-Vierge Marie, au glorieux Saint-Sébastien, martyr de l'église de Jésus-Christ, le saint patron de notre confrérie des Pénitents noirs de cette paroisse, qui daigna autrefois, par ses prières auprès de Dieu, préserver nos pères, ainsi qu'ils nous l'ont appris, du fléau de la peste, de faire célébrer, à la gloire de Dieu, et en son honneur, à perpétuité, une messe solennelle à l'autel qui lui est dédié dans notre église paroissiale, tous les 18° de février de chaque année, jour fatal auquel on a sonné le tocsin, pour courir aux armes, à deux heures et demie après minuit, pour être avertis du danger et courir aux armes ; après laquelle messe on donnera aussi à perpétuité la bénédiction du Saint-Sacrement en actions de grâces pour le bienfait signalé que nous avons confiance d'obtenir de la miséricorde de Dieu, par les mérites et intercession de la Sainte-Vierge Marie et du bienheureux Saint-Sébastien, le glorieux martyr de Jésus-Christ, notre patron spécial auquel nous nous vouons particulièrement et nous recommandons avec nos enfants, principalement dans la calamité qui nous opprime, afin d'en être très promptement délivrés et de passer nos jours dans la paix.

En second lieu, pour empêcher et mettre obstacle, autant qu'il est en nous, à ce que l'hérésie de Calvin ne puisse jamais s'introduire dans notre paroisse, qui, grâce à la miséricorde de Dieu, en a été préservée jusqu'à ce jour, nous avons délibéré d'un commun accord, sans cependant nous lier par vœux, de ne nous allier, dans aucun temps, avec les protestants, de ne souffrir jamais qu'ils viennent acheter aucun fonds dans la paroisse de Vinezac, de ne pas même les prendre ni souffrir comme rentiers ni comme domestiques, afin d'éviter toute société dangereuse pour la foi de nos enfants, priant et en même temps chargeant devant Dieu la municipalité actuelle et tous ceux qui à perpétuité seront à jamais préposés pour être à la tête de ladite communauté, de veiller scrupuleusement sur l'obligation que nous leur imposons, sous peine pour eux d'en rendre compte au jugement de Dieu, où nous les citons, où nous les appelons, où nous leur reprocherons leur coupable condescendance, leur peu de soin, leur peu de vigilance, si la foi de nos enfants, nés ou à naître, venait à en souffrir du dommage, ce que à Dieu ne plaise. Et pour éviter ce malheur, nous nous engageons de plus fort à élever, à instruire nos enfants dans notre sainte religion catholique, apostolique et romaine, dans laquelle nous voulons et nous ordonnons, de la part de Dieu et par l'autorité qu'il nous a donnée sur eux, de vivre et de mourir comme nous, et de verser leur sang, s'il le faut, pour la soutenir. Ainsi, Dieu nous soit en aide et à notre postérité !

Et afin que ce soit chose stable et à jamais durable transmise à notre postérité et qu'aucune génération ne puisse l'oublier, mais en être bien instruits et mémoratifs, nous voulons et ordonnons enfin que cette présente délibération soit renouvelée tous les vingt-cinq ans, en corps de communauté assemblé dans la chapelle de Saint-Sébastien, priant nos pasteurs d'y tenir la main, comme chose qui nous sera très-agréable, avantageuse, à la gloire de Dieu et très utile pour conserver la foi de nos enfants. Ainsi soit-il !

Fait et passé en délibération générale dans la chapelle et sur l'autel de Saint-Sébastien l'an et jour que dessus, les sachant lire signés, les autres illettrés, qui en signe d'adhésion ont fait une croix pour leur nom.

Nous, curé de ladite paroisse, que la Providence a constitué pasteur dans ce temps calamiteux et difficile, nous nous vouons spécialement au martyre, pour qu'il nous obtienne du Seigneur la grâce de conserver la tranquillité publique dans notre paroisse, priant nos successeurs d'en rendre grâces à Dieu toutes les années, le 18 février, si le Seigneur daigne nous exaucer, comme nous l'espérons, par les mérites de la très Sainte-Vierge et l'intercession de Saint-Sébastien — et avons signé.

(*Suivent les signatures qui sont très nombreuses*).

A coté de la délibération et sur le même registre de la confrérie des Pénitents, se trouve une prière ou consécration, récitée par le curé de la paroisse, du haut de la chaire dans la même circonstance.

*
* *

Notre Notice sur Vinezac aurait pris fin ici, si nous n'avions eu la bonne fortune de trouver à Vinezac un de ces registres de famille, qui éclairent toute l'histoire d'une localité. Ce manuscrit est l'œuvre de Victor Mollier, mort en 1868, qui, outre les faits dont il avait été le témoin oculaire, en tenait lui-même beaucoup d'autres de son père, mort en 1854, à l'âge de quatre-vingt-dix ans, et de son grand père, mort en 1819, à quatre-vingt-quatre ans. D'autre part, Victor Mollier, ayant été maire de la commune pendant un temps assez long, avait pu consulter à loisir tous les documents municipaux. Nous n'avons pas besoin de dire qu'il ne s'agit pas ici d'une œuvre littéraire, mais simplement d'une de ces chroniques simples, et sans prétentions, comme on en faisait autrefois, dont les allures sincères parfois et, même les incorrections et la naïveté, imposent la conviction à tout esprit non prévenu.

Ce document est d'autant plus précieux, que l'auteur n'a pas pu songer que sa modeste voix compterait pour quelque chose dans les jugements de l'histoire ; il couchait sur le papier ses notes et ses souvenirs non pour le public, mais pour ses enfants, à qui il voulait laisser la tradition des origines de la famille, le tableau de ses travaux, de ses alliances et de son développement graduel.

Par circonstance et à raison des épreuves subies par les siens, il a raconté les événements, dont il avait été le témoin oculaire ou dont il avait entendu cent fois le récit de la bouche de ceux qui, plus âgés que lui, y avaient été plus activement mêlés ; et c'est de cette partie de son manuscrit, précieux monument d'histoire locale, que nous voulons ici faire profiter nos lecteurs, comme d'un témoignage des plus autorisés, sur les violences, les sottises et les misères de la Révolution dans nos contrées.

A tout seigneur, tout honneur. Parlons d'abord de la famille Mollier.

Aux amateurs d'étymologie disons, en passant — ce à quoi n'a jamais songé certainement notre modeste chroniqueur — que le nom de Mollier signifie fabricant de meules à moudre ; dans le bas latin, *molare*, *molaris* et *molarium*, et *Molard* en vieux français, indiquent le rocher d'où sont extraites les pierres à meules, et *Molerius* est l'opérateur de l'extraction ; mais il signifie aussi le meunier qui fait moudre le blé. Les premiers Mollier ont donc présidé, dans un de ces deux rôles, à la plus utile, la plus ancienne aussi, de nos industries rurales, une industrie qui remonte bien au-delà des croisades ; à ce point de vue, leur nom seul est un brevet d'ancienncté et, comme diraient les Anglais, de respectabilité, qui a bien son prix.

Les Mollier de Vinezac paraissent issus des Mollier de Balazuc. La tradition parmi eux est que M. de Vinezac ayant une grande confiance dans ces derniers, aurait prié l'un d'eux de venir s'établir à Vinezac pour y surveiller et gérer ses intérêts. De là, l'établissement d'un Mollier au village de Vianet. Et l'on croit que celui-ci était frère ou neveu d'Antoine Mollier, notaire à Balazuc, de 1611 à 1630, qui fut le père de Mollier de Grandval : on sait que ce Mollier de Grandval, dont il est souvent parlé dans les *Commentaires du soldat du Vivarais,* fut le lieutenant de Louis de Charbonnel, seigneur de Vinezac, pendant les dernières guerres religieuses, et qu'il mérita, par ses services militaires, de recevoir des titres de noblesse.

Mollier habitait donc en 1600 le village de Vianet à Vinezac. On lui connaît trois enfants : Jacques, possesseur de trente pièces de terre ; Jean, qui en avait autant, et Antoine, qui en avait dix-huit.

Jacques eut trois enfants : Jean, qui épousa, en 1650, Marguerite Mestre, et François qui épousa noble Isabeau de Montcouquiol. Cette alliance indique la considération dont jouissait la famille Mollier. Il y avait alors à Vinezac la haute noblesse, représentée par les Julien, et la petite noblesse représentée par les Cellier et les Montcouquiol. Les Mollier, alliés à la petite et en relations intimes avec l'autre, figurent souvent dans les contrats notariaux, surtout pour les baptêmes, à côté des nobles.

Un Mollier fut curé de Vinezac de 1681 à 1692.

Laissant de côté les détails de la généalogie de la famille Mollier, qui seraient sans intérêt pour nos lecteurs, nous allons nous attacher aux événements qui se rattachent à la longue carrière de trois de ses membres, laquelle forme un total de plus de deux siècles et demi.

Le premier, Jean Mollier, vécut de 1735 à 1819;

Le second, Joseph, de 1764 à 1853;

Enfin Victor, le troisième, de 1786 à 1868.

Le manuscrit de ce dernier, dont nous allons donner le résumé, et souvent le texte, va nous faire vivre quelques instants dans les insanités et les horreurs de la fin du siècle dernier, et nous ne connaissons pas de leçon plus instructive pour ceux qui n'ont pas l'air de se douter que les agissements de la politique actuelle nous menacent d'un renouvellement de cette triste époque.

***

Les idées révolutionnaires eurent, dès 1789, comme on le pense bien, un écho dans la paroisse de Vinezac.

« Il y avait, dans cette localité, comme il s'en trouva partout à cette époque, des hommes qui accueillirent la Révolution avec joie. Ces gens-là ne craignirent pas de manifester ouvertement leurs idées, disant à qui voulait les entendre que tout était permis, qu'il n'y avait point de Dieu, qu'il fallait détruire la religion et procéder sans retard à l'abolition et au partage de la propriété. A mesure que ces idées prenaient corps dans l'esprit des populations, une sourde hostilité fermentait partout contre la noblesse et surtout contre la religion. La noblesse qui comprit le sort qui lui était réservé, se hâta de fuir et de s'expatrier. C'est ce que fit M. deVinezac. »

Avant de partir, il fit vendre une grande partie du mobilier qu'il y avait alors au château de Vinezac. Jean Mollier acheta l'horloge ainsi qu'un grand sopha. Ces deux objets se trouvent encore dans sa maison, au mas de la Clapouse, ainsi qu'un beau mortier de bronze à piler le sel avec son pilon, dont lui fit cadeau M. de Vinezac.

« La religion fut encore plus persécutée que la noblesse. Tel fut le sort de M. Tardieu, curé de Vinezac, et de M. Soulerin, son vicaire ; car ces deux saints et dignes prêtres ne voulurent jamais prêter un serment qui allait contre leur conscience (1791). Dès lors, leur tête fut mise à prix par les révolution-naires. Ces deux prêtres dévoués ne voulurent cependant pas quitter leur paroisse, afin de ne pas priver leurs paroissiens des secours de la religion. Ils furent donc obligés de se cacher soit à Vinezac soit dans les environs. Ils trouvèrent beaucoup de dévouement parmi leurs paroissiens, qui ne craignirent pas de se compromettre et de risquer même leur vie pour sauver celle de leurs pasteurs. »

C'est ainsi qu'ils trouvèrent souvent un asile dans la maison Mollier, de la Clapouse, où ils venaient de temps en temps administrer les sacrements et célébrer la messe. « On peut dire que la vie de ces deux prêtres, fut, pendant cinq ou six ans, un véritable martyre. Traqués comme des bêtes fauves par les révolutionnaires, ils ne couchaient jamais deux nuits de suite au même lieu. Que de fois leur sommeil fut interrompu par l'arrivée inattendue de la patrouille révolutionnaire, à laquelle on avait dénoncé leur retraite ! Il fallait alors fuir ailleurs, se déguiser de mille manières, et souvent passer la nuit dehors et coucher sur la terre humide.

« Un jour, le petit-fils de Jean Mollier, âgé d'à peine six ans, étant sorti de la maison pour aller manger des raisins, aperçut tout à coup un homme mal mis, enveloppé d'un manteau, qui était couché sous une vigne. En voyant cette masse informe, l'enfant crut avoir à faire à la fameuse bête, appelée l'*Ovayro*, qui se cache sous les souches pour empêcher les enfants de manger les raisins, et il se mit à crier et à fuir à toutes jambes. Il arriva à la maison tout essouflé, tremblant et les yeux en larmes.

Comme on lui demanda la cause de ses pleurs, il raconta naïvement que, s'étant échappé de la maison pour aller manger des raisins, il avait vu sous une vigne le terrible *Ovayro*. Jean Mollier, après avoir consolé et rassuré son petit-fils, courut à la vigne pour se rendre compte de ce qui avait pu l'effrayer, et quel ne fut pas son étonnement d'y trouver M. Soulerin, son vicaire, qui, profitant de la permission donnée une fois pour toutes, déjeunait tranquillement avec les raisins de la vigne, caché sous le cep le plus touffu ! Jean Mollier insista vivement, ce jour-là, pour que le vicaire vînt à la maison faire un meilleur déjeuner. Le fugitif refusa, de crainte d'être aperçu par des voisins qui rodaient dans les environs. Il dut passer jusqu'au soir couché sous son cep.« Ce jour-là, les personnes qui passèrent près de la maison purent sentir un savoureux parfum de cuisine qui sortait de la cheminée, mais elles ne se doutèrent certainement pas que la femme de Jean Mollier et sa belle-fille étaient en train de préparer une sorte de petit festin pour le vicaire de la paroisse. Comme Marthe et Marie, de l'Evangile, qui surabondaient de joie lorsqu'elles recevaient, à Béthanie, le divin Maître, ainsi la femme de Jean Mollier et sa belle-fille étaient heureuses de pouvoir ce jour-là recevoir à leur table le prêtre proscrit et persécuté. »

Plus loin le manuscrit raconte les visites que faisaient de temps à autres le curé et le vicaire fugitifs. C'était une fête dans la maison ; celle-ci était alors comme transformée en église ; les amis sur lesquels on pouvait compter étaient prévenus à la hâte en grand secret ; le curé célébrait la messe et distribuait la communion. Pendant ce temps, quelqu'un de la famille ou des amis montait la garde pour donner l'alarme au besoin. On conserve au grand séminaire de Viviers le calice en étain qui servait à l'abbé Tardieu ou à l'abbé Soulerin, lorsqu'ils venaient à la Clapouse. Les proscrits de Vinezac avaient également des refuges assurés dans plusieurs maisons d'Uzer. Moins connus là qu'à Vinezac, ils pouvaient plus facilement, grâce à leur déguisement, vaquer à certains travaux de la campagne. Et c'était surtout dans la nuit qu'ils venaient visiter leurs paroissiens de Vinezac. Ils allaient aussi quelquefois à Joyeuse. Ils y baptisèrent même plusieurs enfants de Vinezac, dans la maison de M. de Laforest, comme on le voit par les registres de l'église de Vinezac, où se trouvent les signatures de MM. de Laforest et de Gigord, de Joyeuse.

Les révolutionnaires ne furent pas longtemps sans se douter que la famille Mollier donnait asile aux prêtres persécutés. Aussi ne manquèrent-ils pas de faire à la maison plusieurs visites domiciliaires, mais sans pouvoir jamais surprendre personne. Ces visites cependant n'étaient pas sans inconvénient, car il fallait toujours les faire boire et manger, sans quoi on recevait force insultes et menaces.

Un jour, en fouillant la maison, ils ouvrirent une caisse qui était pleine de froment. Ils refermèrent la caisse sans rien dire, mais le lendemain ils revinrent chacun avec un sac. Comme il n'y avait avec cette bande de pillards aucune des autorités de la commune, Jean Mollier refusa d'ouvrir. On alla alors chercher le maire et force fut de laisser entrer la bande. On prodigua à Mollier la menace et l'insulte. Mais, comme on en voulait surtout au froment, on réclama impérieusement l'ouverture de la caisse, en déclarant à Mollier qu'on voulait se partager non seulement son blé, mais encore ses terres. Jean Mollier et son fils protestèrent vivement auprès du maire qui, craignant peut-être d'avoir à subir plus tard le même traitement, engagea les pillards à se contenter de quelques mesures de seigle et d'orge, que Mollier offrait pour sauver le reste.

Les révolutionnaires firent à la Clapouse bien d'autres visites du même genre, toujours sous prétexte de chercher le curé et le vicaire. Heureusement pour la famille, le fils de Jean Mollier s'était ménagé quelques intelligences parmi les révolutionnaires de la commune ; deux'd'entre eux, qui avaient beaucoup d'estime pour la famille Mollier, le tenaient au courant de tous les projets pouvant le concerner ; c'est ce qui explique pourquoi le curé et le vicaire ne furent jamais surpris.

A peine MM. Tardieu et Soulerin eurent-ils disparu (en octobre 1792) pour ne pas tomber aux mains de leurs persécuteurs, que l'évêque assermenté de Viviers, Mgr de Savines, nomma à Vinezac un curé assermenté comme lui, nommé Béraud.

On trouve peu après, sur les registres de la mairie, la signature de ce Béraud et sa qualité ainsi formulée :

Alexis Constantin Béraud, officier public, élu le 6 janvier 1793, et commis par l'évêque de Viviers, en l'absence de M. le curé de Vinezac, pour rédiger les actes des baptêmes, mariages et décès des citoyens de Vinezac.

Il paraît que ce Béraud était originaire de Merzelet commune de Vinezac ; du moins, il avait un frère marié dans cette localité. Lorsqu'il arriva à Vinezac, il fut reçu avec mépris ; tout ce qu'il y avait d'honnête dans la localité ne le considéra jamais comme le véritable pasteur de la paroisse. Est-ce cet accueil qui le fit partir ? Toujours est-il qu'il n'exerça pas longtemps les fonctions de curé et d'officier public, car, dès le commencement de 1794, il cesse de signer sur les registres. Peut-être alors fut-il obligé, lui aussi, de se cacher, car à la fin les révolutionnaires ne voulaient pas plus des prêtres assermentés que des autres.

Quant à MM. Tardieu et Soulerin, ils reparurent dans la paroisse, dès que la Révolution fut passée. « Ils reprirent les fonctions de leur saint ministère, à la grande joie des habitants, qui ont toujours vénéré ces deux prêtres comme des saints et des martyrs ».

M. Tardieu resta curé de Vinezac jusques vers 1810. A cette époque M. Soulerin lui succéda. Le corps de M. Soulerin a été inhumé sous la petite porte de l'église, car la chapelle de la Sainte-Vierge a été bâtie sur l'ancien cimetière.

*
* *

Quand la Révolution éclata, ses partisans à Vinezac et ailleurs se signalèrent par des actes de vandalisme contre tout ce qui rappelait la religion. Ils dérobèrent ou détruisirent tous les objets du culte, que les honnêtes gens de l'endroit ne parvinrent pas à soustraire à leur rapacité ou à leur fureur sectaire, et à placer en lieu sûr. « On vit ces misérables parcourir la campagne, abattant toutes les croix. Ils auraient voulu détruire jusqu'au nom de Dieu. Cependant, en plusieurs circonstances, Dieu leur montra qu'il était encore le maître. Un jour, une bande de ces scélérats, après avoir détruit des croix à Vinezac, se rendit à Chassiers pour continuer son œuvre sacrilège.

« Arrivés sur la place du village, ils s'aperçoivent qu'il y a encore là, resté debout, le piédestal d'une croix. Furieux contre la tolérance des gens de Chassiers, le chef de la bande se répand en blasphêmes et, saisissant un levier, se met en devoir de renverser ce piédestal. Mais la justice divine était là. La première pierre qu'il détacha tomba sur lui et lui broya les deux jambes. Ce misérable se mit alors à crier : *Mon Dieu ! Mon Dieu !* lui qui, quelques instants auparavant, blasphémait son nom et niait son existence. Ses complices, voyant cela, tombèrent dans une grande confusion, d'autant qu'un grand nombre d'habitants de Chassiers étaient présents, et laissaient assez voir par leur attitude, qu'ils voyaient là une manifestation du doigt de Dieu contre les démolisseurs de croix. Ceux qui étaient venus avec lui, se hâtèrent de s'en retourner du côté de Vinezac, en emportant leur chef sur un brancard. Celui-ci souffrait horriblement ; à chaque secousse c'étaient d'affreux gémissements. Finalement, il mourut en chemin. Cet exemple fit que, dans tous les environs, personne n'osa plus porter la main sur les rares croix restées debout. »

Encore quelques traits pour caractériser la façon
dont les révolutionnaires entendaient les principes
de liberté et de justice dont ils avaient plein la
bouche, mais dont, pas plus que leurs continuateurs
modernes, ils n'ont jamais compris le premier mot.

« On se figure difficilement aujourd'hui, dit le
manuscrit, tout ce que les honnêtes gens eurent à
souffrir dans ces temps lamentables, surtout pendant
six ans. Ceux qui possédaient un peu plus de fortune
que les autres étaient encore plus persécutés que
ceux qui n'avaient rien, car la Révolution en voulait
surtout aux riches. Comme on réclamait partout le
partage des biens, il arriva un moment où les propriétaires n'étaient plus maîtres chez eux. Le premier
venu allait dans le champ de son voisin prendre ce
qu'il y trouvait. Il y en eut qui allèrent jusqu'à
moissonner dans le champ des autres, sans que le
propriétaire pût les en empêcher.

« Un jour, deux de nos voisins vinrent trouver le
maire pour lui demander quand donc se ferait le
partage des terres. Celui-ci, soit pour se débarrasser
d'eux, soit pour voir ce qu'ils feraient, leur dit :
« Vous avez tout près de vous le domaine de Jean
Mollier, allez y prendre chacun votre part, et placez-
vous y bien. » Les deux estafiers ne manquèrent pas
de suivre le conseil du maire. Le même jour, ils se
rendirent dans la propriété de Jean Mollier, pour y

faire chacun sa part. Mais voici ce qui arriva : Il y
avait dans la propriété une chenevière, c'est-à-dire
un champ où l'on semait habituellement le chanvre.
C'était le meilleur terrain et tous deux voulurent
l'avoir. Ils commencèrent à se disputer, puis ils en
vinrent aux coups, ce qui rompit le partage, et c'est
ainsi que Jean Mollier resta possesseur du champ tout
entier. »

On sait que la Révolution avait fait une loi inter-
disant de chômer le dimanche et de travailler le
décadi. Les paysans apportèrent partout à ces inno-
vations antireligieuses une résistance passive invin-
cible. Voici ce qui se passa à Vinezac :

Le maire, informé que les Mollier ne se conformaient
pas à cette loi idiote, se transporta chez eux un décadi.
Ayant trouvé, en effet, toute la famille au travail,
il fit briser par les hommes qui l'accompagnaient,
tous les instruments de travail dont se servaient les
Mollier.

Un autre jour de décadi, les révolutionnaires ayant
trouvé les femmes de la maison occupées au filage
des cocons, démolirent la filature ; ils voulaient même
conduire les fileuses en prison, mais, soit qu'ils
n'eussent pas l'ordre d'aller jusques là, soit qu'on
leur promit de n'y plus revenir, on se contenta
d'imposer aux délinquantes une amende que la famille
dût payer et que les révolutionnaires allèrent boire.

En même temps qu'on poursuivait les travailleurs du décadi, on poursuivait aussi ceux qui refusaient de travailler le dimanche. Si ce jour-là le maire rencontrait des personnes qui ne fussent pas allées au travail, il les condamnait à une amende.

Cependant cette tyrannie eut un terme par suite d'une aventure, du genre de celle de Chassiers, arrivée au maire. Ce malheureux s'étant rendu un dimanche dans un de ses champs, très en vue du village, où il travaillait comme pour braver davantage la religion, y tomba subitement malade, si malade qu'on fût obligé de le rapporter chez lui et qu'il mourut dans le courant de la semaine. On l'enterra le dimanche suivant. « Cette mort fut regardée par la population de Vinezac comme une punition de Dieu. »

Le nouveau maire, appelé Roche, quoique moins mauvais que son prédécesseur, était malheureusement timide et craintif, et voulut continuer de faire exécuter la double prescription du travail du dimanche et du chômage du décadi. Or, tandis qu'il faisait sa ronde un dimanche pour obliger les gens à travailler, une petite fille de trois ans qu'il affectionnait beaucoup, se laissa choir dans un baquet, et elle était morte quand sa mère vint à son secours. « La population de Vinezac vit encore dans cet événement le doigt de Dieu, et, à partir de ce moment, le maire n'osa plus obliger personne à travailler le dimanche et à chômer le décadi. »

Au plus fort de la Terreur (juillet 1794), les révolutionnaires de Vinezac, soutenus et excités par ceux de Joyeuse et de Largentière, devinrent délateurs et traîtres. Des listes de proscription furent alors dressées par les clubs dans chaque localité. D'après le manuscrit de Victor Mollier, trente personnes à Vinezac furent désignées comme ennemies de la République et destinées à porter leurs têtes sur l'échafaud, et Jean Mollier et son fils aîné étaient du nombre.

Les choses en étaient-elles arrivées à ce point ? Le doute peut encore subsister à cet égard. Constatons cependant, d'après les manuscrits de l'abbé Picansel et de Delichères, que les mêmes informations coururent à Annonay, à Aubenas, et sans doute dans beaucoup d'autres localités de l'Ardèche. En supposant que la nouvelle ne fût pas exacte, on reconnaîtra que les circonstances la rendaient terriblement vraisemblable, et l'on conçoit l'émotion qu'elle produisit à Vinezac dans les familles désignées comme suspectes. Enfin le 9 thermidor arriva, Robespierre fit à son tour connaissance avec la guillotine, où il avait envoyé tant d'honnêtes gens, et la France put respirer.

Le pays n'était pas cependant au bout de ses épreuves. « La famine, compagne habituelle des révolutions, désola le pays. La loi du maximum et les assignats n'étaient pas de nature, on le comprend, à faire affluer les denrées sur les marchés. Les boulangeries étaient fermées, et les paysans, qui allaient aux marchés d'Aubenas, Joyeuse ou Largentière, étaient obligés de porter leur pain dans leurs poches, sachant qu'ils n'en trouveraient pas à la ville. »

En pluviose an 3 (janvier 1795), l'agent national à Vinezac écrivait au Directoire du district de Tanargue :.

« Il ne se passe rien qu'il soit nécessaire de vous faire passer, sinon la misère du blé et autres denrées qui font besoin à la vie ».

*
* *

Depuis la chute de Robespierre, la guillotine avait cessé peu à peu de fonctionner ; mais, si on s'abstint de verser le sang, la persécution n'en continua pas moins contre les prêtres et les royalistes.

C'est ainsi que plusieurs prêtres, ayant cru pouvoir reparaître dans leurs paroisses, furent pris et condamnés à la déportation. Cela dura jusqu'au coup d'Etat de brumaire qui réduisit les violents à l'impuissance, mais les levées excessives d'hommes, que nécessitèrent les guerres à l'extérieur, amenèrent un autre effet fâcheux. Les réfractaires et les déserteurs furent plus nombreux que jamais. Pour les obliger à rejoindre leurs corps, on mit des garnisaires dans leurs maisons. Ce sont les réfractaires et déserteurs qui, exaspérés par les mesures prises contre leurs familles, fournirent le principal contingent aux bandes de chouans qui désolèrent le pays, surtout de 1798 à 1800.

Au début, ces bandes ne firent pas grand mal aux populations. « Leur but hautement proclamé, dit Victor Mollier, était de renverser la République et de rétablir la royauté. C'est dans ce but qu'elles arrêtaient les envois faits au Trésor, et qu'elles envahissaient brusquement, de jour ou de nuit, les maisons des révolutionnaires ou des acquéreurs de biens d'église, pour leur infliger de fortes contributions. Dans certaines circonstances, les chouans furent implacables dans leur vengeance et firent payer cher aux révolutionnaires les crimes dont ils s'étaient rendus coupables.

« Peu à peu ces bandes augmentèrent, et alors il leur fut plus difficile de se procurer des vivres. Les contributions forcées levées sur les révolutionnaires ne leur suffisant plus, elles furent obligées de s'adresser même aux honnêtes gens, ce qui finit naturellement par jeter sur elles le discrédit ; d'autant que, depuis la chute de Robespierre, le gouvernement tendant à devenir meilleur, l'insurrection parut moins justifiée. C'est ce qui fit que bon nombre de chouans déposèrent les armes. Certains qui étaient trop compromis, continuèrent ce genre de vie qui dégénéra peu à peu en un véritable brigandage : de sorte que le nom de chouan fut changé en celui de brigand. Cependant les paysans ne craignirent jamais autant les chouans que les troupes de la République. Quand les chouans arrivaient, en effet, chez le paysan, pour demander des vivres, ils étaient généralement contents de ce qu'on leur donnait, tandis qu'il n'en était pas de même des soldats de la République ; ceux-ci exigeaient tout ce qu'il y avait de meilleur dans la maison, et encore bien souvent n'étaient-ils pas satisfaits. Quand ils avaient envahi une maison, après avoir bien bu et bien mangé, ils tiraient encore sur les poules, en sorte qu'ils les détruisirent presque toutes. Si le paysan avait des brebis ou des moutons, il fallait toujours en tuer quelqu'un pour le dîner de la troupe. Il en était de même des autres denrées que l'on possédait. Après deux ans de ce brigandage en partie double, tous les propriétaires se trouvèrent réduits à la misère. »

Le manuscrit constate que dans la paroisse de Vinezac, il y eut un certain nombre de déserteurs qui ne voulaient pas servir la République et qui se cachèrent comme ils purent, mais qui, grâce à l'influence de Joseph Mollier, refusèrent de s'enrôler dans les bandes de chouans.

« Les paysans furent particulièrement malheureux,

surtout vers la fin de la chouannerie (1799-1800). Il
y eut un moment où ils n'osaient presque plus sortir
de chez eux pour travailler leurs terres, car, à chaque
moment, on était exposé à rencontrer les brigands ou
les soldats de la République. Quand les brigands
arrivaient près des paysans qui cultivaient la terre,
ils mangeaient la nourriture et buvaient le vin que
ceux-ci avaient apportés pour la subsistance de la
journée. Les soldats de la République faisaient la
même chose, avec cette différence qu'après avoir
mangé les vivres du laboureur, ils le maltraitaient
et l'accablaient d'injures, sous prétexte que ces
vivres étaient destinés aux chouans.

« Un jour que les blés étaient extrêmement mûrs,
une trentaine de paysans de Vinezac s'entendirent
pour aller moissonner le lendemain au quartier des
Côtes, situé le long du grand chemin de Joyeuse à
Aubenas. Jean Mollier, ainsi que ses deux fils,
Joseph et Louis, et le domestique de la maison, étaient
du nombre. S'étant munis de vivres pour la journée,
ils se rendirent au lieu du travail, où ne manquèrent
pas d'arriver les autres moissonneurs. A peine étaient-
ils au travail, que les brigands, au nombre d'environ
cinquante, vinrent à passer. Ils ne manquèrent pas
de faire leur visite aux moissonneurs et de demander
à partager leur diner. Ceux-ci ne pouvant faire
autrement que d'y consentir, brigands et paysans

dinèrent ensemble. Les brigands, qui n'avaient pas mangé de la journée, avaient bon appétit ; auss trouvèrent-ils le diner délicieux et le vin excellent. Avant de partir, ils remercièrent les moissonneurs et leur dirent :

« Vous êtes bien heureux, vous autres ; vous trouverez ce soir votre diner tout préparé en entrant chez vous, tandis que nous ne savons pas où nous irons coucher. »

Hélas ! la parole des brigands ne devait pas se réaliser pour quelques-uns des moissonneurs, car plusieurs d'entre eux devaient aller souper et coucher en prison. « Quand les brigands eurent disparu, on se remit activement à l'ouvrage. Mais voilà que bientôt après apparut la bande du fameux Montchauffé, un des plus violents républicains de l'époque. Cette nouvelle bande se dirigea vers les moissonneurs et se mit à examiner les papiers dans lesquels on avait apporté le diner. Quand ils virent qu'ils étaient vides, ils commencèrent par briser bouteilles et ustensiles ; puis ils maltraitèrent les moissonneurs, les accusant d'être tous des brigands. Ceux-ci eurent beau protester, rien n'y fit. Après s'être répandu en injures contre ces malheureux, Montchauffé donna ordre à ses gens de les arrêter tous et de les conduire à Aubenas, pour les traduire en conseil de guerre et les faire fusiller sans délai.

« Les moissonneurs, attachés deux à deux, les mains derrière le dos, furent ainsi conduits jusqu'à la Chapelle. Là on fit halte. Montchauffé, ayant délibéré avec ses hommes, il fut décidé qu'on renverrait les plus vieux et les plus jeunes, qui, d'après Montchauffé, n'étaient que des enfants et beaucoup moins coupables que les autres Jean Mollier et son domestique furent comptés parmi les vieux, mais ses deux fils furent retenus prisonniers et conduits à Aubenas. On se figure la douleur et les inquiétudes de Jean Mollier lorsqu'il se vit obligé de retourner chez lui sans ses enfants. C'est les larmes aux yeux et la rage au cœur qu'il leur fit ses adieux à la Chapelle. Et le soir, quand il rentra à la maison et qu'il fut obligé d'annoncer la terrible nouvelle à sa famille, quel ne dut pas être le désespoir et la douleur de sa mère et de sa belle-fille ! Oh ! comme ils maudissaient tous ensemble cette affreuse révolution ! Puis leurs pensées se reportaient sur les malheureux prisonniers ; ils se les représentaient accablés d'insultes par la troupe révolutionnaire, conspués par la populace d'Aubenas, jugés... Jean Mollier essayait vainement de calmer les appréhensions de sa famille. Il n'était pas rassuré lui-même, car il savait bien qu'en ce triste temps, de la prison à l'échafaud il n'y avait qu'un pas.

« Enfin, après avoir bien prié, gémi et pleuré, on se sépara fort avant dans la nuit, non sans avoir pris la résolution d'aller le lendemain à Aubenas s'enquérir du sort des prisonniers et faire le possible pour les sortir de ce mauvais pas. Le lendemain, de grand matin, Jean Mollier quittait, en effet, la Clapouse et, accompagné sans doute de quelques autres parents désolés de Vinezac, prit le chemin d'Aubenas. »

Le manuscrit indique ici les cruelles appréhensions inspirées à Jean Mollier par la férocité bien connue de Montchauffé. « Ce monstre, dit-il, parcourait le pays avec ses sicaires, cherchant les prêtres et les nobles, les suspects et les chouans, fusillant les uns, égorgeant les autres, sans aucune forme de procès. Il constituait avec sa troupe un véritable tribunal ambulant, auquel la proclamation de l'état de siège avait donné le droit de vie et de mort sur les ennemis, vrais ou supposés, de la République. Fidèle à son mandat, il ne reculait devant aucun crime. On dit qu'un jour il fit assassiner un homme des Vans dans des circonstances affreusement barbares. Ce dernier avait un enfant encore jeune. Montchauffé obligea l'enfant à se tenir penché vers la terre, les mains appuyées sur ses genoux, et c'est sur le dos de ce malheureux enfant que la tête du père fut tranchée à coups de sabre. On disait encore que Montchauffé s'était trouvé aux Vans, lors du massacre des prêtres sur la place de la Grave, et qu'il s'y était distingué par sa férocité. Après la mort de ces prêtres, leurs têtes furent roulées sur la route à coups de pied jusques dans un ruisseau voisin. »

Nous avons tenu à reproduire ce passage pour donner une idée des bruits populaires d'alors, mais nous aimons à croire qu'il n'y a rien de vrai dans l'histoire de l'enfant des Vans ; et, quant à la présence de Montchauffé dans cette ville à l'époque du massacre de la Grave en 1792, elle est des plus invraisemblables, Montchauffé paraissant n'être venu en Vivarais qu'en 1798 avec le général Nivet. Il faut aussi démentir l'histoire des têtes de prêtres roulées à coups de pied, attendu que les prêtres furent massacrés et non décapités. On peut consulter à ce sujet le conscien-cieux ouvrage de Firmin Boissin, intitulé : *Les Camps de Jalès.*

Le manuscrit ne donne pas de détails sur ce que Jean Mollier et ses compagnons firent à Aubenas et sur les démarches qui nécessairement furent faites par eux et par leurs amis. Il nous apprend seulement qu'après huit jours de détention, les prisonniers furent enfin rendus à leurs familles. Ceci dut se passer au mois de juillet 1799.

Montchauffé fut assassiné, le 20 janvier suivant, dans une rue d'Aubenas.

Le manuscrit raconte les méprises fatales qui avaient lieu assez fréquemment entre les gardes nationales de villages et les colonnes mobiles, n'ayant d'uniforme ni les unes ni les autres. « Quand la garde nationale rencontrait la garde mobile, celle-ci lui criait : Qui vive ! L'autre, n'étant pas en force et craignant d'avoir à faire aux brigands, répondait parfois : Vive le roi ! ce qui lui valait une fusillade de la mobile. D'autres fois, c'était le contraire. Les brigands voyant de loin la garde nationale, lui criaient : Qui vive ! et si celle-ci, croyant avoir à faire à la garde mobile, répondait : Vive la République ! elle recevait des balles. Et il y eut plusieurs fois, dans ces fâcheuses rencontres, des morts et des blessés de part et d'autre.

Joseph Mollier, fils aîné de Jean, étant parvenu à se faire élire capitaine de la garde nationale, n'usa, comme on pense bien, de ses fonctions, que pour épargner les braves gens que l'on persécutait. Comme la garde nationale était sans cesse mise en mouvement pour rechercher les nobles et les prêtres, les déserteurs ou les chouans, elle eut souvent, grâce à l'esprit de ses chefs, l'occasion d'épargner des innocents.

« Quand Joseph Mollier était envoyé, avec ses hommes, pour arrêter des prêtres, il avait soin de les avertir d'avance, et naturellement on ne trouvait personne, ce dont il se montrait en apparence surpris et contrarié... »

D'autre part, il rendit service à bien des familles

en épargnant de malheureux réfractaires ou déserteurs.
« A cette époque, dit le manuscrit, la désertion était
si fréquente et si autorisée par les excès du gouvernement, qu'elle ne semblait plus un crime. Aussi ne
peut-on se figurer aujourd'hui l'énorme quantité de
réfractaires qui couraient la campagne... » Joseph
Mollier accompagnait, du reste, son indulgence des
meilleurs conseils pour empêcher les délinquants
d'entrer dans les bandes de chouans, et son action fut
particulièrement efficace à cet égard. On sait qu'il
fallut une amnistie pour rendre la tranquillité au pays.

Joseph Mollier était, comme son père, un homme
religieux, aimant l'ordre et la justice, et le manuscrit
a raison de montrer dans le choix constant que fit de
lui, pendant la Révolution, la population de Vinezac,
comme chef de la garde nationale, la preuve que,
malgré les désordres inévitables de ce temps, la
majorité des habitants ne fut pas complice de ces
désordres. Dans toutes les élections qui eurent lieu,
Joseph Mollier et ses amis obtinrent constamment la
majorité des suffrages, malgré la pression administra-
tive et les menaces des républicains. Et ces choix
empêchèrent bien des malheurs. Le manuscrit raconte
comment Joseph Mollier éleva ses enfants, s'attachant
surtout à leur inspirer la crainte de Dieu et l'amour
de la religion. Il ne négligea pas non plus de leur
faire donner autant d'instruction que cela était possible

en ces temps troublés, « vu que, de 1790 à 1802, il n'y eut dans le pays ni collège, ni instituteur primaire, ni prêtre, pour apprendre aux enfants les éléments de la religion. La Révolution prêchait l'impiété, la révolte contre l'Eglise et le mépris de ce qui est saint et respectable. »

Joseph Mollier sut préserver ses enfants de la contagion des mauvaises doctrines. Il fut lui-même leur premier précepteur : c'est lui qui leur apprit à lire. Plus tard, quand il fut possible de les confier à des instituteurs, il choisissait de préférence les plus religieux qui étaient d'ailleurs ordinairement les plus instruits.

« Grâce à ses soins, tous ses enfants purent apprendre à lire ; même tous ses garçons purent apprendre à écrire ; et certes, ce n'était pas une petite affaire en ce temps-là. Il leur apprit surtout, tant par son exemple que par ses leçons, l'amour du travail et le moyen de gagner leur vie. Jeunes, il ne les occupait qu'à des travaux légers ; à mesure qu'ils grandissaient, il les employait à la culture de la terre, pour laquelle ils eurent tous beaucoup de goût. Si parfois il était obligé de s'absenter pour ses affaires, c'était alors le grand père qui veillait sur la conduite et le travail de ses petits-fils. Quant aux filles, elles étaient sous la direction de la mère qui ne les laissait pas dans l'oisiveté. »

Le manuscrit expose comment Joseph établit ses enfants. Nous avons compté dans sa descendance douze prêtres, religieux ou religieuses.

Nous arrivons à Victor Mollier, le chroniqueur de la famille et du pays.

Nommé maire en 1824, Victor Mollier eut à s'occuper du procès, commencé avant lui, entre Vinezac et Balazuc, au sujet du Gras de Balazuc.

Les habitants de Vinezac avaient, de temps immémorial, le droit d'y faire paître leurs bestiaux, d'y couper du buis pour litière et d'y prendre du bois pour faire cuire le pain.

Or, il arriva qu'un jour les habitants de Balazuc leur contestèrent ce droit, en soutenant que les gens de Vinezac avaient perdu leurs titres de propriété sur ce terroir. En conséquence, ils se permirent de prendre à coups de pierres les gens de Vinezac, qui allaient y chercher du bois ou faire paître leurs bestiaux. Dans plusieurs circonstances, ils capturèrent ces bestiaux et exigèrent des propriétaires une indemnité. Le garde-champêtre eut même la cruauté de tirer sur un malheureux propriétaire de Vinezac qui mourut de sa blessure.

Ces vexations obligèrent la commune de Vinezac à intenter un procès à celle de Balazuc.

Le jugement fut rendu le 3 novembre 1824. En voici les clauses principales :

La cinquième partie du *devès* est attribuée à Vinezac.

Vinezac supportera la dixième partie des frais dn procès, le reste étant à la charge de Balazuc.

Il sera procédé à la délimitation du terrain revenant à Vinezac.

Balazuc ayant fait appel, un arrêt de la Cour de Nîmes ratifia le premier jugement, avec cette modification, acceptée avec joie par Vinezac, qu'au lieu du cinquième du terrain en litige, on lui attribuait le cinquième de la valeur du terrain.

Le premier jugement avait causé à Victor Mollier beaucoup d'embarras et de perte de temps ; c'est pourquoi il démissionna, lors de l'appel, en exprimant le désir d'être remplacé par M. Martinesche, ce qui eut lieu : ce dernier était un homme intelligent et actif, qui contribua beaucoup à la marche du procès et à son issue favorable à Vinezac.

Ce fut vers 1824, après son premier passage à la mairie, que Victor Mollier songea à écrire ses mémoires.

Né en 1786, il avait sept à huit ans au fort de la Révolution. Quoique bien jeune encore, les principaux événements de l'époque s'étaient gravés dans son esprit. Il se rappelait fort bien les vexations dont sa famille avait été l'objet ; il avait vu maintes fois les révolutionnaires fouiller sa maison et prodiguer l'injure et les menaces à son père, à son grand'père et à son oncle. Il se souvenait d'avoir vu bien souvent sa mère pleurer à la pensée des dangers incessants que courait la famille.

Plus tard, quand la Révolution fut passée, son père et son grand'père lui racontèrent bien des fois les événements de cette époque néfaste, surtout ceux qui intéressaient la famille. Voilà pourquoi Victor Mollier, ne voulant pas que ces souvenirs, dont sa mémoire était pleine, fussent perdus pour tous, se décida à écrire le manuscrit qu'il a laissé à ses enfants.

Mais, comme le fait observer avec raison un des descendants de l'humble chroniqueur, qui a fait la transcription de son œuvre, ce n'est pas en vue d'une simple satisfaction de curiosité, que Victor Mollier a écrit l'histoire abrégée de sa famille et les souvenirs qui s'y rattachent. « En exposant les vertus dont ses prédécesseurs avaient donné l'exemple, en faisant ressortir leur esprit de foi, leur amour pour la religion, le soin qu'ils ont pris d'élever leurs enfants dans la piété, la crainte de Dieu et l'amour du travail, il est clair qu'il a voulu surtout leur tracer un exemple à suivre. »

Cette famille Mollier est le type de ces familles de travailleurs propriétaires qui font la puissance et la richesse d'un pays. Ce sont elles qui, par leurs traditions religieuses et patriotiques, par leur bon sens natif qu'entretient la simplicité d'une vie laborieuse, constituent la plus solide barrière, aussi bien contre les filouteries de l'invasion juive que contre les insanités des utopistes. Il faudrait craindre, si leur nombre diminuait, de voir le pays retomber dans le désordre sanglant dont la Révolution du siècle dernier et la Commune de 1871 nous ont donné de si tristes spécimens.

VII

VINEZAC AU XIXᵉ SIÈCLE

Une occupation militaire en 1851. — Le chemin d'Aubenas
aux Vans, commencé en 1700. — La liste des maires. — Les
usines de Lende. — Les écoles.

En dehors du procès avec Balazuc et d'un léger
incident en 1851, l'histoire de Vinezac n'a présenté,
depuis le premier empire, que peu d'événements
dignes d'être rapportés.

C'est encore au manuscrit de Victor Mollier qu'il
nous faut recourir pour trouver quelques renseigne·
ments certains sur la période de 1848.

Le maire de Vinezac fut alors Dufour ou Béraud
Dufour, car le curé constitutionnel de 1792 était son
parent. Cette famille paraît originaire de Merzelet.
Il est probable qu'un Dufour y alla pour gendre.
Ce Dufour habitait le mas des Lombards. Il est allé

mourir, il y a une vingtaine d'années à Smyrne. La république de 1848 fut, du reste, beaucoup moins agitée et oppressive à Vinezac que ne l'avait été celle de 1793.

Un seul habitant de Vinezac est cité comme ayant pris part à la tentative qui eut lieu contre Largentière à la suite du coup d'Etat du 2 décembre, tentative longuement racontée dans le manuscrit, d'après le récit fait à l'auteur par son cousin, Mollier, du Ginestet, lequel avait été, par le plus grand des hasards, le témoin oculaire de la débandade des assaillants. La petite garnison de cinquante hommes qui se trouvait à Largentière n'eut pas même à tirer un coup de fusil, car les bandes de mille hommes selon les uns, et de deux mille selon les autres, furent saisies, avant même d'arriver en vue de la ville, d'une terreur panique, au bruit que faisait une charrette roulant à grand train sur la route — charrette qu'elles prirent, dans le demi-jour du grand matin, pour une pièce d'artillerie.

Il y eut quelque émotion à Vinezac dans le même temps, à l'occasion de la fête votive qui se célèbre chaque année le premier dimanche de septembre. Une compagnie de soldats y avait été envoyée par précaution. Le maire républicain, appelé Baptiste Cellier, des Crozes, ayant refusé de venir s'entendre avec le capitaine, en vue du maintien de l'ordre, celui-ci fit camper ses soldats au Chalendar et plaça des sentinelles dans les principaux quartiers pour prévenir tout rassemblement. La journée se passa sans incident, mais à l'entrée de la nuit, un des factionnaires reçut un coup de pierre dont il mourut quelque temps après. Le capitaine invita les honnêtes gens à se retirer, en déclarant qu'il commanderait le feu contre tout rassemblement suspect. Il fit en même temps cerner le village pour découvrir le coupable. Le lendemain, les autorités de Largentière se transportèrent sur les lieux et une dizaine d'individus, parmi lesquels le maire Cellier, furent arrêtés et jugés ultérieurement, mais ils furent acquittés faute de preuves suffisantes.

On doit à Victor Mollier le chemin des Freydeyres, qui relia Vinezac à la grand' route d'Aubenas à Alais, et grâce à laquelle les voitures purent enfin arriver au chef-lieu de la commune. Jusque-là, le chemin des Allier était, de temps immémorial, la seule voie reliant Uzer à Vinezac. Le chemin des Freydeyres fut construit en 1824 et M. Martinesche, nommé maire en 1826, n'eut qu'à l'améliorer. (La nouvelle route qui s'ouvre à quelques centaines de mètres de Montredon, date d'une quarantaine d'années).

*
* *

Voici, à ce propos, quelques notes, recueillies dans les procès-verbaux des Etats du Vivarais, par où l'on

pourra juger de la vicinalité de la région au commencement du siècle dernier. C'est à cette époque
seulement que les Etats du Vivarais paraissent s'être
occupés sérieusement d'améliorer les voies de com-
munication. Après avoir voté des fonds pour les
chemins de Tournon à Limony et de Tournon à
Annonay, on aborda enfin la question du chemin
d'Aubenas à Payzac, c'est-à-dire d'Aubenas à la
limite méridionale du Vivarais, car les Vans faisaient
partie de l'Uzégeois. Cette voie devait servir à relier
les Cévennes, c'est-à-dire la région de Nîmes, aux
hautes Boutières, en raccordant le chemin d'Alais
avec celui d'Aubenas à Saint-Agrève, auquel on
travaillait en même temps. La question, décidée en
principe en 1699, reçut, des Etats réunis à Saint-
Péray l'année suivante, un commencement d'exécution. Du moins, on chargea le syndic d'en faire
dresser immédiatement le devis et de passer un bail
avec l'entrepreneur, en empruntant les sommes
nécessaires. Une commission fut nommée en même
temps pour taxer les communes adjacentes, comme
on venait de le faire pour les chemins du haut
Vivarais. Et voici quelles furent les taxes adoptées.

Aubenas fut taxé à trois cents livres, Largentière
également à trois cents, Aillon cinquante, Fons vingt,
Saint-Sernin cinquante, la Chapelle cent, Chassiers
cent vingt, Vinezac cent, Uzer trente, Saint-Amans

(Laurac et Montréal) cent soixante, Joyeuse et le bas Balbiac trois cent, Vernon cent vingt, la Beaume, Sampzon soixante-dix, la Blachère cent soixante, Saint-Geniès et Faugères cent soixante, Assions quatre-vingt, Payzac cent et Balazuc soixante.

Toutes les communautés de cette partie du bas Vivarais se mirent immédiatement en mesure de se raccorder à la voie principale.

Les Etats du Vivarais en 1702 mentionnent des devis et adjudications pour les ponts de Boude, de Saint-Etienne-de-Fontbellon, de Martel (entre la Croisette et Prentegarde), etc.

En 1711, le pont de Boude fut l'objet de réparations, ainsi que celui d'Uzer sur Lende, et celui de Bullien prés de Bellevue. L'entrepreneur était un sieur Marron, de Grospierres. Les Etats du Vivarais autorisèrent le syndic à emprunter jusqu'au taux de 8 % pour emprunter les sommes nécessaires à l'entretien des chemins du Vivarais.

Revenons à l'administration municipale de Vinezac.

En 1830, M. Martinesche fut remplacé par M. Boyer. Celui-ci ne resta pas longtemps maire et eut pour successeur M. Bastide, « homme très-probe et très-attaché au bien public de la commune ».

[Tel est le témoignage que lui rend Victor Mollier; et venant d'un tel homme, il a bien son prix. Il s'agit de M. Bastide, l'oncle et beau-père de l'ex-maire, M. Edouard Bastide, tous deux originaires de Sanilhac.

Victor Mollier fut de nouveau appelé à la mairie en 1834. Il s'occupa de son mieux des intérêts de la commune et seconda de tout son pouvoir le curé Reynaud qui fit faire certaines réparations à l'église de Vinezac. Comme cette église était trop petite pour la population, M. Reynaud ouvrit une souscription pour l'agrandir, et c'est ainsi qu'on put construire la chapelle de la Sainte-Vierge. « Malheureusement cette construction ne fut pas faite dans le style de la nef ; mais cela était assez difficile, attendu que la chapelle des Pénitents existait déjà, et que la chapelle de la Sainte-Vierge, qui devait lui faire pendant, ne pouvait guère être construite que sur le même plan. Cette réparation eut lieu en 1834-35. »

Voici le tableau des maires et adjoints de Vinezac, jusqu'à l'année présente :

MAIRES

1 Louis Chabert ;
2 Alexis C. Béraud 1792, (7 nov.) 1793 (juin) ;
3 Jacques Mestre, 1793 (juin) 1800 ;
4 Etienne Prat, 1800-1813 ;
5 Louis J. Bayle, 1813-1815 ;
6 Pierre Prat fils, 1815-1824 ;
7 J. J. V. Marie Mollier, 1824 (14 avril) 1826 (20 janv) ;
8 Jean Martinesche, 1826 (19 fév.) 1830 (17 oct.) ;
9 Joseph Boyer, 1830 (27 oct.) 1833 (14 oct.) ;

10 A. André Bastide, (23 oct. 1833) 1835 (29 mars) ;

11 J. J. V. Marie Mollier, 1835 (29 mai 1848 (5 avril) ;

12 Edouard Béraud Dufour, 1848 (14 av.) 1850 (1ᵉʳ août);

13 Baptiste Cellier, 1850 (2 sept.) 1851 (27 fév.) ;

14 Edouard Béraud Dufour, 1851 (18 mars) 1851 (24 m.);

15 Baptiste Cellier, 1851 (18 mai) 1851 (5 août) ;

16 A. André Bastide, 1851 (13 déc.) 1865 (24 août) ;

17 Edouard Bastide, 1865 (20 sept.) 1880 (20 février);

18 François Blachère, 1880 (6 février) 1881 (12 janv.)

19 Edouard Bastide, 1881 (fév.) 1896 (10 mai) ;

20 Simon Boyer, 1896 (10 mai).

ADJOINTS

1 Jean Roche, 1797 ;

2 Jean Laffont, 1815 ;

3 Ambroise Roche, 1824 ;

4 Sébastien Roure, 1830 ;

5 Victor Agier, 1850 ;

6 J. Régis Mollier, 1852 ;

7 J. P. Théophile Laffont, 1871 ;

8 François Blachère, 1879 ;

9 J. Cyprien Mollier, 1881 ;

10 Louis Georges, 1896.

*
* *

Il y a, sur le territoire de Vinezac, deux belles usines à soie, actionnées par les eaux de la rivière de Lende.

La plus importante est celle de M. Giraud, qui est desservie par la route qui va directement de la Chapelle à Largentière. Il n'y avait là, vers 1830, qu'un petit moulin a farine, construit par un Pouzache, de Lambra. M. Soubeyrand, en étant devenu acquéreur, y substitua une grande usine à ouvrer et filer la soie. Après lui, MM. Alexandre Giraud, de Lyon, en ont fait un des plus beaux établissements industriels de la contrée, avec filature, moulinage et tissage, capable d'occuper sept à huit cents ouvrières.

L'autre usine, située en aval de la rivière, fut bâtie par M. Prat et appartient, depuis près de quatre vingts ans, à la famille Bastide. Elle n'est qu'à deux kilom. de la gare d'Uzer et à un kilomètre seulement de la grand' route d'Aubenas.

Dans les deux établissements, les ouvrières sont l'objet de soins spéciaux, de nature à inspirer toute sécurité aux familles, et qui nous paraissent constituer le meilleur des socialismes, celui qui, sans bruit, et sous l'inspiration chrétienne, apporte le plus de soulagement possible à la tâche, plus ou moins pénible et laborieuse, qui s'impose à chacun de nous dans ce monde. A l'établissement de M. Giraud, beaucoup plus considérable que l'autre, les ouvrières sont placées sous la surveillance de bonnes Sœurs qui s'occupent du bien du corps et de la santé de l'âme, complétant au besoin leur instruction primaire et leur apprenant divers travaux d'aiguille. Comme elles appartiennent à divers villages des environs, plus ou moins éloignés, des omnibus de l'usine les reconduisent, tous les samedis soir, auprès de leurs parents, d'où elles reviennent le dimanche soir sur les mêmes véhicules.

*
* *

Un mot pour finir sur les écoles. Ici, comme en tant d'autres lieux, se manifeste la véritable pensée du pays sur la fameuse loi scolaire, imaginée par des sectaires, à l'esprit borné, en vue de détruire le catholicisme.

A côté d'un instituteur, rétribué par l'argent de tous pour instruire une douzaine d'enfants — les enfants de ceux qui ne peuvent faire autrement — nous trouvons une école de Frères, avec une soixantaine d'élèves, dont les catholiques doivent, seuls, payer les frais. De même, les Sœurs ont de cinquante-cinq à soixante élèves, tandis que l'institutrice, beaucoup mieux payée, toujours à nos dépens, n'en a que dix ou douze.

L'absurdité et l'iniquité d'un pareil système sont tellement flagrantes qu'on n'ose plus les nier, même dans le parti politique au nom duquel ces choses sont faites. En attendant que le corps électoral se décide à faire l'effort nécessaire pour choisir enfin des législateurs dignes de ce nom, on nous permettra de remettre ici sous les yeux du public la solution qui nous paraît la plus conforme aux principes de liberté et de justice dont tout le monde se réclame, mais que si peu mettent réellement en pratique.

C'est aux pères de famille qu'appartient de droit naturel tout ce qui concerne l'éducation de leurs enfants, et c'est un droit que devrait leur contester moins que tout autre un gouvernement qui proclame tous les jours la souveraineté du suffrage universel. Comme conséquence l'argent des contribuables devrait servir à subventionner, non pas seulement les écoles du système actuel, œuvre d'une coterie anti-libérale, mais toutes les écoles, libres ou officielles, indistinctement, au prorata des élèves qui leur sont confiés, car le choix libre des pères de famille en pareille matière est un suffrage autrement sincère et digne de respect que tous les autres. Chacun sait, en effet, de quelles influences fâcheuses ou de quels concours d'intérêts dépendent trop souvent les votes politiques, et à quelles erreurs peuvent se laisser entrainer sur ce terrain les hommes les mieux intentionnés. Mais, quand il s'agit de questions qui tiennent au cœur, comme celle de l'éducation des enfants, les transactions, s'il en existe, sont rares et sans valeur. En donnant presque partout, dans l'Ardèche, la préférence aux écoles religieuses, les pères de famille ne laissent donc aucun doute sur leurs vrais sentiments, et il est impossible qu'on n'arrive pas tôt ou tard à en tenir compte.

FIN

ERRATUM. — Page 10, ligne 19, lire : A quelques pas du *dolmen*... (et non du *domaine*).

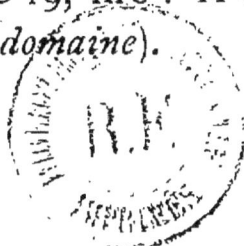

OUVRAGES DU MÊME AUTEUR
FORMANT SÉRIE

Voyage aux pays volcaniques du Vivarais, 1878.
Voyage autour de Valgorge, 1879.
Voyage autour de Privas, 1882.
Voyage dans le Midi de l'Ardèche, 1884.
Voyage le long de la rivière d'Ardèche, 1885.
Voyage au pays helvien, 1885.
Voyage au Bourg Saint-Andéol, 1886.
Voyage autour de Crussol, 1888.
Voyage au mont Pilat (ouvrage couronné par l'Académie française), 1890.
Voyage fantaisiste et sérieux à travers l'Ardèche et la Haute-Loire, 2 vol. Le Puy, 1895.

On peut se procurer ces ouvrages à l'IMPRIMERIE CENTRALE.
  On y trouve encore :

Une esquisse d'anatomie politique, 1868.
Marguerite Chalis et la légende de Clotilde de Surville, 1873.
Un roman à Vals, 1875
La Comédie politique en Europe, 1880.
Notice sur la vie et les œuvres d'Achille Gamon et de Christophle de Gamon, d'Annonay, 1885.
Quelques notes sur la commanderie des Antonins à Aubenas au xve siècle, 1888.
Les Muletiers du Vivarais, du Velay et du Gévaudan. Lyon, 1888 ; deuxième édition, Le Puy, 1891.
Le premier amour d'un vieux grognard, 1886.
Notice sur Jean Tardin et Jules Rousset, de Tournon, 1888.
Le P. Grasset, chroniqueur célestin du xviiie siècle, 1889.
Essai historique sur le Vivarais pendant la guerre de cent ans, 1890.
Velay et Vivarais. Deux livres de raison au xviie siècle, 1893.
Notes sur l'origine des Eglises du Vivarais, 2 vol., 1891 et 1893.
Histoire de Soulavie. Paris, Fischbacher, 1893, 2 vol. in-8°.
Le conflit de Vernoux en 1745. Valence, 1894.
Chronique religieuse du vieil Aubenas. Valence, 1894.
Une page de l'histoire du Vivarais (1629-1633), Privas, 1894.
Notice sur St-Alban-sous-Sampzon, Largentière, 1893.
Notice sur le Cheylard, 1894.
Notice sur Uzer, 1894.
Rochemaure, 1895.
Notice sur Pierre Marcha, 1895.
Notice sur Saint-Martin-de-Valamas, 1896.
Notice sur l'astronome Flaugergues, de Viviers, 1896.
Notice sur Laurac et Montréal, 1896.
Notice historique sur Vals-les-Bains, 1896.
Notice historique sur la Franc-Maçonnerie dans l'Ardèche, Privas, imprimerie du *Réveil Ardéchois*, 1896.

POUR PARAITRE PROCHAINEMENT

Notice sur l'ancienne paroisse de Jaujac (comprenant Jaujac, la Souche, Prades, St-Cirgues-de-Prades et Fabras).
Notice sur l'ancienne paroisse d'Aillou (comprenant Aillou, Fons, Lentillères et Chazeaux).
Notice sur la baronnie de la Voulte.
Notes et documents sur le protestantisme en Vivarais.

www.ingramcontent.com/pod-product-compliance
Lightning Source LLC
Chambersburg PA
CBHW052349090426
42739CB00011B/2364